중국을 이해하는 9가지 관점

차례
Contents

03 들어가며 : 중국을 바로 알자! 06 와이런 - 중국사회의 이중구조 14 상상초월의 개인주의 22 중국식 부정부패의 특징 30 너무 많은 사람, 너무 넓은 땅 37 기업, 토지, 법 그리고 사회주의 46 잔존하는 부조리들 51 당과 공안 - 중국을 움직이는 축 65 중국의 중산층과 자유민주주의 72 중국의 자유민주화 79 중국 이해를 위한 기본 마인드 88 나오며 : 중국, '보고' 대 '양날의 칼'

들어가며 : 중국을 바로 알자!

세계 속의 중국

중국이 온통 화두이다. 2008년 베이징 올림픽과 2010년 상하이 엑스포의 성공을 통해 중국은 '대중화(大中華, Great China)'를 이뤄내려 하고 있다. '잠자던 사자'의 기상이라기보다는 노도怒濤와 같이 승천하는 용솟음이 느껴진다. 이러한 중국은, 한국의 교역 대상 1위로 부상하였다. 한국은 미국이나 일본과의 교역량을 전부 합친 것보다도 더욱 큰 교역관계를 중국과 이루는 정도가 되었다. 이 과정에서 한국인, 한국 기업의 중국행도 꾸준히 증가하고 있다. 중국과 이웃하고 있는 우리로서는 싫건 좋건 그들과 매우 밀접한 관계 속에 운명을 함께 해야 함을 일러 주는 것이다. 이를 위해서도 우리는 무엇보다도 먼저 중국에 대해 더욱 잘 이해하고 파악할 필요가 있다. 그렇다면 중국을 어떻게 하면 더 제대로 읽어낼 수 있을까?

사람은 서로 잘 맞는 사람들하고만 함께 지내고 싶어 한다. 하지만 좋은 감정에만 의존하며 지내는 관계는 의외로 유약하다. 그 기대대로 이뤄지지 않을 때 치명적인 대립과 마찰로 치달을 수 있기 때문이다. 한편 잘 모르거나 혹은 잘 안 맞는 사람과는 긴장감을 가지고 사귀어 나간다. 그 속에서 조금이라도 더 잘 지낼 수 있는 방법을 찾아보려 노력한다. 그러는 가운데 상대와 자신에 대해 더욱 다각적으로 살펴보고 성찰하게 된다. 즉, 잘 모르거나 혹은 잘 안 맞아 '대립' 관계에 있기 때문에 '공생'을 위해 더욱 많이 노력하는 것이다. 이러한 인간관계는 단지 개인관계 차원에서 뿐만 아니라, 국가와 국가, 민족과 민족의 관계에도 그대로 적용된다.

이와 같은 관점에서 본서는, 외국인이 중국 생활을 하다가 당황하게 되는 사안, 혹은 중국 비즈니스에서 곤혹스러움을 겪게 되는 몇 가지 주요 사안들을 중심으로 엮어 보았다. 중국 생활을 하는 외국인들로 하여금, '이해가 안 된다!', '너무 실망했다!', 혹은 '너무 안타깝다!' 등의 반응을 자아내고 있는 중국사회의 이와 같은 모습은, 다양한 원인과 배경으로부터 기인된 것이다. 먼저 유구한 중국의 역사와 문화의 영향을 들지 않을 수 없고, '사회주의 정치경제 체제'의 영향 또한 결코 배제될 수 없다. 거기에 개혁개방 이후 맹렬히 밀려든 자본주의 물결 속에서 급격하게 혼탁해진 현대 중국의 특징도 더해지며 지금과 같은 복합적 모습으로 전개되고 있는 것이다.

한편, 중국사회의 이러한 현상에 대해 얼굴을 찡그리며 비난으로만 일관하는 것은 반드시 바람직하다고 생각되지 않는다. 우리와 '다르다(different)'고 해서 '틀렸다(wrong)'라고 할 수만은 없으며, 이런 식의 사고는 글로벌 세계를 이해하고 그곳에 더욱 다가가려는 우리의 다원적 사고와 노력을 저해하는 것일 수도 있기 때문이다.

한정된 지면에 능력은 고려하지 않은 채, 너무 과도하게 의욕만 앞세우다 보니 오히려 '수박 겉핥기' 식이 되어 버린 듯한 느낌도 없지 않다. 독자제위의 관대한 혜량을 바라며 아무쪼록 본서가 당대 중국의 이해에 다소나마 도움이 된다면 그보다 더한 보람은 없을 것이다.

와이런 - 중국사회의 이중구조

사회자본의 결여

　유감스럽지만, 중국에서는 아직까지 공공질서나 공중도덕 의식이 높지 않다. 실제로 중국에서 생활하다 보면, 중국인들은 일반적으로 타인이나 공중에 대해 무관심하고 불친절하며, 공중도덕이나 공공질서 등은 안중에도 없는 듯, 무질서하고 또 지나치게 자기 위주로 행동하는 모습을 쉽게 발견할 수 있다. 이에 대해서는 중국 당국도 잘 인지하고 있는 듯하다. 이로 인해 현재 중국 당국은, 2008년 베이징 올림픽과 2010년 상하이 엑스포 준비를 계기로 대대적인 공중도덕 준수 교육을 전개하고 있다. 여기서 이와 관련한 「인민일보」의 한 기사를

(2007.3.8.) 요약해보자.

"'줄 서는 날' 활동은 베이징시의 올림픽을 맞이하여 문명(문화, 예절)을 중시하고 새로운 기풍을 수립하는 5대 문명활동 가운데 '줄 서는 예의-올림픽을 맞이하는 질서문명행동'의 중요 내용 가운데 하나이다. 2월 11일에 있었던 최초의 '줄 서는 날' 활동에서는 베이징 전역에서 합계 수십만의 자원활동자가 가두나 버스 정류장, 또는 상점이나 공원 등, 약 2,000군데 이상의 주요 공공장소에 나가 100만 시민을 줄 세우는 데 성공했다. 이 활동은 상하이와 광저우 등과 같은 다른 도시에서도 열렬한 반응을 불러 모으며 국내외에서 호의적인 반응을 낳았다."

중국의 이와 같은 예절교육이나 공중도덕 의식 함양을 위한 행사는 비단 최근에 비롯된 것이 아니다. 하지만 인구가 13억이나 되는 중국에서는 우리나라에서와 같은 공익광고나 공익캠페인의 효과를 기대하기가 쉽지 않다. 그러면 5,000년의 역사와 문화 전통을 지닌 중국이 왜 이렇게 되었을까?

중국인에게 규칙이라는 것은 "어차피 인간이 만든 것이므로 필요에 따라 바꾸는 것 또한 어렵지 않다."는 사고가 팽배해 있다. 이와 같은 중국인의 윤리·도덕의식 및 준법정신을 잘 나타내는 에피소드가 하나 있다.

1970년대 후반부터 1980년대 전반 무렵의 개혁개방 초기에는 중국 전역에 일률적으로 계획경제가 실시되었다. 일률적인 정책시행으로 인해 당시 대부분의 지방행정 관리들은, 공산당 중앙이 규정하지 않은 사안을 독자적으로 시행한다는 것은 당 규약에 위반되는 것이라고 생각했다. 하지만 개혁개방의 최전선을 달리고 있던 광둥성 관리들의 생각은 다소 달랐던 것 같다. 그들은 '규정되지 않은 일은 금지된 일도 아니므로 실시해도 문제없다.'고 해석한 것이다. 다시 말해 '해서는 안 된다고 규정되어 있지도 않으므로 실시해도 괜찮은 것'이라고 받아들이고 중앙의 지시나 통달이 없거나 규정 등이 애매모호한 분야에서는 새로운 일을 독자적으로 실시해 나갔다. 이에 대해 당 중앙이 비난하자, 당 중앙의 규칙에 위반한 적이 없다며 오히려 자신들이 새 분야를 개척하고 있으므로 공로를 인정받아야 한다고 주장했다고 한다. 이후 다른 곳에서도 광둥성의 예를 들며 규정이 미비하거나 모호한 부분에 대해서는 저마다 나름대로의 '길'을 걷기 시작했다.

이는 비록 한 가지 예에 불과하다. 하지만 많은 중국인들이 사회규범이나 규칙 등에 대해 이와 같이 '정부에 규칙이 있으면, 우리에게는 대책이 있다.'는 '유연한(?)' 사고를 지니고 있음은 부인하기 힘들다. 하기는 만약 온갖 규칙이나 원칙 등에 엄히 구속되어 있었더라면 경제특구 설치나 사회주의 시장경제, 홍콩의 일국양제 등과 같이, 중국이 지금까지 직면해 온

많은 문제들을 해결하기 힘들었을지도 모른다. 경제특구나 일국양제 등과 같은 표현들 또한 사회주의 계획경제의 '원칙'만을 고수했더라면, 세상에 나오기 힘들었을 것이다.

사실 엄청난 인구를 지닌 거대한 중국에서, 모든 분야에서 세세하게 규정하고 통제하기란 거의 불가능에 가까울 것이다. 즉, 아무리 노력해도 일일이 규칙으로 제정되지 못한 틈새는 많을 수밖에 없다. 바로 이러한 허점을 이용, 있는 것도 지키지 않고, 없는 것은 없으므로 타인에 대한 영향 등은 고려하지 않은 채 자의적으로 행동하는 중국의 사회자본(사회규범 준수와 윤리도덕 의식 등) 결여 현상은 끊이지 않는다. 이러한 그들을 보며, 중국 내 외국인들 사이에서는 지금의 혼탁한 중국인들에게 양식이나 도덕, 시민의식 등을 바란다는 것은 어쩌면 순진한 발상에 불과하거나, 혹은 시기상조일 것이라는 탄식이 흘러나오게 되는 것이다.

중국사회의 이중구조

사실, 사람들이 모여 사는 곳에는 반드시 사회자본이 있기 마련이다. 하지만 그 표현방식은 사회에 따라 다르다. 이와 관련, 중국사회에 현저한 특징으로는 사회자본이 철저하게 이중구조로 기능하고 있다는 점이다. 혈연이나 지연, 그 외의 어떤 '특별한' 관계 등을 매개로 이뤄진 작은 공동체 사회, 즉 특수사회에서는 구성원들 간의 사회자본이 별다른 제제수단 없이

도 존재하며 작동된다. 일단 그들과 친해지게 되거나 그들과의 '특별한' 관계 속에 들어가게 되면, 즉 그들의 좁고 특수한 작은 공동체 사회 내부로 들어가게 되면 더할 나위 없이 친절해진다. 이 속에서는 일반 사회에서는 찾아보기 힘든 강한 유대감을 기반으로 예의 바르고 양보하며 서로 돕고 신뢰하는 모습을 띠고 있는 것이다. 그러나 범위를 넓혀 일반 사회, 즉 중국사회 전체적 측면에서 보면, 중국에서는 아직도 사회자본이 거의 기능하지 못하고 있다.

중국어에 '와이런(外人)'이라는 말이 있다. 가족이나 친한 사람 이외의 타인에 대한 총칭이다. 그런데 이 단어는 중국사회의 이중구조를 유추시키기에 충분하다. 중국인들의 의식구조에는 혈족이나 친한 일부의 사람들로 구성되는 특수한 공간과 그 외부에 있는 '와이런' 사이의 공간이 따로 형성되어 있다는 것을 알려 주는 단어이기도 한 것이다. 그 특수 사회 내부에는 농후한 인간관계가 있어 예의범절과 상호부조, 이해와 배려 등이 넘쳐난다. 하지만 거기로부터 조금만 벗어난 곳에서는 와이런의 황막한 사막과 같은 곳이 전개된다. 그곳에서는 근면, 성실, 정직 등도 찾아보기 힘들다. 오죽하면, '중국인들이 너무 성실하면 13억 인구의 절반이 굶어 죽을 것이다.'라는 우스갯소리도 나오겠는가.

상황이 이러니, 작은 공동체 사회를 벗어난 외부에서는 예의나 규범, 상식 등은 거의 찾아보기 힘든 약육강식과 같은 거친 언행이 횡행한다. 당연히 외부세계, 즉 일반 사회에서는 개인 간의 신뢰나 상거래 상의 신뢰라는 것 또한 매우 저조하다. 예를 들면, 중국에서는 자동차의 생산과 판매가 급속히 진전되며 자동차 대출이 보급되기 시작하였다. 하지만 '빌린 돈을 갚는다.'는 일반적인 약속, 즉 신뢰규범이 채 확립되지 못한 탓에 자동차 대출은 불량채권 그 자체가 되고 말았다. 「경제참고보經濟參考報」(2005.8.29.)에 의하면 2003년 말까지의 중국 자동차 대출금 잔액은 1,800억 위안이며 그중 945억 위안이 회수불능상태에 빠졌다. 이 상태로는 리스크관리가 전혀 이뤄질 수 없음을 깨달은 은행들은, 결국 신용사회 정착의 첫걸음이라 홍보하며 시작한 자동차 대출을 중지하기에 이른다. 이렇게 볼 때, 현재 중국의 국유은행들과 관련, 가장 큰 문제인 거액의 불량채권 문제 또한 본질적으로는 신용거래가 쉽지 않은 중국사회의 이와 같은 이중구조에서 그 주된 원인을 찾을 수 있는 것이다.

사회 '미들웨어'의 필요성

중국의 저명한 경제학자 오경련吳敬璉은 '좋은 시장경제', '나쁜 시장경제'라는 용어를 즐겨 사용한다. 그의 말을 따르면 나쁜 시장경제라는 것은 속임수, 사기, 기만 등과 오직(汚職 : 공무원이 그 지위나 직권을 남용하여 뇌물을 받는 따위의 부정한 행위를 저지르는 것) 및 부정부패 등이 만연된 시장경제로 현재 중국의 현상도 이에 포함된다. 그런데 중국이 좋은 시장경제로 이행하기 위해서는, 중국사회에는 이른바 '미들웨어(middle ware)'라는 것이 필요하다. 미들웨어라 하는 것은, 사람들의 사기나 기만, 지나친 이기적 행위나 무질서 및 관리들의 오직汚職과 부정부패 등에 대처 가능한 제반 법 규정과 규칙, 그리고 이에 대한 매우 엄격한 형벌 및 이를 허용하지 않겠다는 국민들의 엄정한 태도 등을 말한다.

물론 중국에서도 오래 전부터 이 미들웨어 시스템과 유사한 기능이 작동되어 왔다. 전술한 바와 같이, 중국의 특수 사회 내부에서는 말이다. 특수 사회 내부에서는 서로를 속이거나 배신하지 않으며 약속도 잘 지켜진다. 암묵적 규정이나 규범 등을 위반하게 되면, 그곳에서 고립이나 추방 등도 배제할 수 없으므로 이와 같은 무형의 '율법' 같은 것이 구성원들을 효율적으로 규율하는 것이다. 이렇게 볼 때, 중국에는 특수 사회 내부와 같은 시스템이 일반사회 전체에서도 골고루 기능하며 작동할 필요가 있다. 준법의식이나 공중도덕, 질서의식이 높지 않은 현재의 중국에는 이러한 미들웨어 시스템을 사회 전체적으로 엄격히 적용시켜 나갈 필요가 있는 것이다.

이와 관련, 현재 중국에서는 싱가포르와 같은 강권 국가체제를 하나의 모델로서 벤치마킹하고 있다. 싱가포르는 인구의 70퍼센트 정도가 화교이다. 즉, 중국대륙과 근본을 공유하는 사람들로 이뤄진 국가이다. 하지만 싱가포르의 거리는 청결하고 쓰레기나 오물 등은 쉽사리 찾을 수 없다. 이는 자신들의 행동에는 그에 합당한 '대가'를 치르도록 하는 철저한 형사적 관리 시스템이기 때문에 가능한 것이다. 어떻게 보면 너무 숨막힌 듯한 느낌도 없지 않다. 하지만 사회 전체를 규율하는 미들웨어를 잘 작동시킨 결과, 싱가포르는 좋은 시장경제를 기능시키고 있는 것이다.

하지만 싱가포르식 강권적 미들웨어 시스템이 중국대륙에서도 제대로 작동할 지는 의문이 아닐 수 없다. 중국은 싱가포르보다 인구가 거의 300배, 국토면적이 13,700배에 달할 정도로 대규모이다. 이 상황에서 싱가포르와 같이 중앙정부가 전 지역에 대해 엄한 통제의 거미줄을 철저히 드리우기란 사실상 쉽지 않기 때문이다. 상황이 이렇다 보니 중국은, 서구사회의 온갖 비난에도 불구하고, 서구적 잣대로 볼 때는 너무 지나칠 정도의 엄한 구속력으로 미들웨어의 집행을 더욱 엄격하고 철저하게 집행해 나가려 한다. 누가 뭐라 해도 중국이라는 거대한 국가를 통치하기 위해서는 불가피한 고육지책이 절박한 것이다. 이와 같이 가파른 경제성장 속에 전 세계의 부러움을 사고 있는 중국이지만, 중국 또한 남모를 고충 속에 결코 편하지 않은 오늘을 보내고 있는 것이다.

상상초월의 개인주의

상상을 불허하는 개인주의

　중국사회의 개인주의는 미국이나 서구유럽에 결코 뒤지지 않을 것이다. 개인주의를 본질로 하는 서구사회도 아닌 중국이 어떻게 이렇게까지 되었을까? 미국인 중국전문가 S. W. 모셔에 의하면, 기원전 1100년부터 청 왕조가 붕괴되는 1911년까지, 중국에서 발발했던 전쟁은 총 3,790회다. 믿기 힘든 수치다. 이를 연간으로 환산하면, 1.26회가 되는 셈이다. 여기에는 비교적 작은 규모의 국지적 충돌이나 싸움은 포함시키지 않았다. 결국 이 숫자가 나타내는 것은 중국이 온갖 대립이나 다툼, 약탈 및 전란이나 정쟁 등과 같은 치안 불안이 끊이질 않았던 곳임을 잘 알려주는 것이다.

실제로 중국인은 온갖 전란이나 기아, 약탈과 살해 및 숙청 등과 같은 가혹한 역사와 더불어 살아왔다고 해도 과언이 아닙니다. 이러한 열악한 환경 속에서 중국인들은, 역설적으로, 혼자밖에 남지 않아도 살아남을 만한 강한 생존력을 지니게 되기도 하였다. 아무 것도 의지할 수 없는 상황 속에서 중국인들은 자신들이 중국인이라는 것을 별로 자각하지 않았으니, 결국 수천 년 동안 이 거대한 대륙에 존재하였던 것은 단지 '개인'들에 불과했던 것이다. 또한, 바로 이러한 역사가 끊임없이 이어져 내려오는 가운데 중국인들에게는 '절대로 남을 신용하지 않는다, 믿을 것이라고는 오로지 돈뿐이다.'라는 신념 아닌 신념이 굳어지게 되었다.

여기에 명나라를 건국한 주원장 홍무제洪武帝는 중국인의 독특한 DNA 형성사에 또 하나의 커다란 초석을 남겼다. 주원장은 원나라 말의 혼란기에 만연한 대기근에 의해 양친과 형제를 잃었다. 이로 인해 어렸을 때부터 탁발승을 해가며 방랑 속에 근근이 연명하지 않을 수 없었다. 이러한 경험으로부터 그는 '사람들은 믿지 않는다. 특히 지배층이나 부자들은 절대 신용하지 않는다.'는 삶의 철학을 깨우친다. 그가 건국 이후, 그를 도운 개국공신들도 믿지 못하며 숙청한 것은, 그의 개인 역정을 고려할 때 어쩌면 당연한 일인지도 모른다. 그는 특히 뛰어난 신하일수록 더욱 잔인하게 숙청하였으니, 1380년에는 최대의 공신이었던 호유용胡惟庸도 제거한다. 이때 연좌되어 처형된 관계자는 15,000명으로 전해지고 있다. 1393년에는 무관의 최고위직에 있던 남옥藍玉을 숙청하였는데, 당시 연좌되어 처형된 자는 무려 20,000명에 이른다고 한다. 이처럼 철저하게 사람을 신용하지 못했으며, 혹시 있을 보복의 싹마저 완벽하게 제거한 것이다. 이러한 그의 모습이 중국인들의 뇌리 속에 뚜렷이 각인되며, 믿고 의지할 수 있는 것이라고는 오로지 '나와 돈'뿐이라는 생각을 더 한층 굳게 만들었다.

후흑학, '더 철면피가 돼라'

한편, 중국인의 유별난 개인주의의 또 다른 원인으로는 '후흑학厚黑學'의 영향도 배제할 수 없다. 청나라 말기에서 중화민국 초기를 살다간 이종오李宗吾라는 자가 '후흑학'이라는 것을 제창했다. 여기서 '-학'이라고는 하지만, 그 내용은 매우 실천적인 생존방법으로 일관되어 있다. 그는 다양한 중국의 역사서와 서적 등을 탐독한 후, 중국인은 "가능한 한 더 많이 철면피가 되고 더 철저하게 흑심을 지녀야 한다!"고 역설했다. 그렇지 않으면 영웅도 될 수 없고, 천하도 호령할 수 없어 '완벽한 성공'을 취할 수 없기 때문이라는 것이다. 그의 '후흑'에는 다음과 같은 3단계가 있다.

    제1단계 : 철면피를 성벽과 같이, 흑심을 석탄과 같이
              하라.

제2단계 : 두꺼우면서도 강하게, 검으면서도 빛나게 하라.

제3단계 : 두꺼우면서도 형체가 없이, 검으면서도 색채가 없게 하라.

후흑의 극치는, 사람들로 하여금 "철면피도 아니고 흑심도 없다(不厚不黑)."고 느끼게 하는 경지에 이르는 것이다. 물론 이와 같은 경지는 쉽게 도달할 수 없다. 그야 말로 대성인이나 대현인이라 불리는 극수소의 위인들만이 이에 해당될 수 있기 때문이다. 그런데 이는, 누구든지 성인이라고 믿어 의심치 않는 사람들이야 말로 곧 '후흑'의 극치일 수 있음을 암시하는 것이 기도 하다. 그러면서 그는 "후흑을 행할 때는, 표면적으로는 반드시 인의와 도덕이라는 옷을 입어야 한다.", "말을 명백하게 해서는 안 되고 애매모호하게 끝내야 한다." 등과 같은 몇 개의 구체적인 방법을 제시하면서 그 말미를 다음과 같이 맺고 있다.

"후흑학은 말하자면 선善도 아니고 악惡도 아니다. 그것을 어떻게 사용하느냐에 따라 달라지기 때문이다. 예를 들면, 후흑은 예리한 양날의 검과 같아서 역적에게 사용하면 선이 되고, 양민학살에 사용되면 악이 된다. 따라서 후흑을 선하게 사용하면 그 자는 선인이요, 악하게 사용하면 악자가 되는 것이다."

『후흑학』은 1911년에 중국에서 발표되자마자, 세론의 집중적인 관심을 받으며 일세를 풍미하게 된다. 하지만 얼마 안 가 관권에 의해 위험한 서적이라는 꼬리표가 붙여지며 금서조치 당한다. 하지만 그렇다고 그 생명이 거기서 끝난 것은 아니었다. 『후흑학』은 지금까지도 현대의 중국대륙과 대만 등지에서 읽히며 일상생활 속에서 실천되고 있기 때문이다. 흔히들 중국인은 '불리한 것은 절대 인정하지 않고, 거짓말을 쉽게 하며, 절대 사과하지 않는다.'고 한다. 그런데 이와 같은 안타까운 현상도 이 '후흑학'이 오늘날의 중국인들에게 활발하게 살아 숨 쉬고 있음을 입증하는 것일 수도 있다. 이렇게 볼 때, '후흑학'이야 말로 중국과 중국인을 제대로 이해하는 데 필요한 본질이 담긴 실천적 서적이라 할 것이다. 이렇게 말하면, 자칫 중국과 중국인을 부정하는 것으로 들리기 쉽지만 그러한 의도는 전혀 없다. 가혹한 역사 속에서 연명하기 위해 저절로 몸에 밴 중국인 특유의 DNA를 이해하고 이를 통해 중국인과의 더 효율적인 교류에 대비하자는 차원에서 거론하고 있는 것이기 때문이다. 실제로 『후흑학』은 지금도 중국의 일반서점에서 성황리에 팔리며 읽혀지고 있다.

불신사회, '속이는 자 보다는 속는 자가 나쁘다'

한편, 중국에서 생활하는 외국인들은 중국인들의 뿌리 깊은 개인주의 못지않게, 중국의 불신 풍토에 대해서도 매우 안타깝게 생각한다. 5,000년의 역사와 문화, 전통을 이어 온 중국에는 현재, "속이는 자 보다는 속는 자가 나쁘다."라는 말로 대변 가능할 만큼, 불신문화가 팽배해 있기 때문이다. 이에 관련된 에피소드가 있다.

한 사람이 중국의 음식점에서 병맥주를 주문한 뒤, 가져온 맥주를 그 자리에서 따서 들이켰다. 그런데 왠지 맛이 너무 싱거운 것 같아 종업원에게 "이 맥주 맛이 왜 이렇지? 물이라도 탔나?"라고 물었더란다. 그랬더니 그 종업원의 대답이 걸작이었다. 순간 화들짝 놀란 순진한 그는, "아니, 그것을 어떻게 알았죠?"라고 답했다고 한다.

이뿐만이 아니다. 실제로 중국에서 물건 등을 구입하거나 중국 측과 새로이 거래관계를 성사하려 할 때, 중국인들은 온갖 미사여구와 감언이설로 이쪽을 속이려 든다. 그러한 그들에게는 신뢰를 기반으로 한 장기적 '단골' 관계의 형성은 기대하기 힘들다. 그들은 그저, 바로 이 순간, 그들의 앞에 있는 이쪽의 주머니만 안중에 있는 것이다. 그렇다면 우의와 신의를 중시했던 대인들의 후손 중국인들이 어쩌다가 이렇게 되었을까?

그 원인으로는 먼저, 앞서 밝힌 바와 같이 나 혹은 우리 일족만 번영하면 남들은 어떻게 되든 상관없다는 식의 극심한 개인주의(일가주의)적 인생관을 들 수 있다. 그렇기 때문에 이미 처형당한 전 국가식품약품감독관리국 국장(장관급)처럼, 중국 국내는 물론, 미국이나 유럽 제국에서도 사망자가 적지 않게 속출한 엉터리 의약품을 쉽사리 허가해주는 것이다. 당시 그가 제약회사에 허가 대신 내건 조건은 오로지 하나, "뇌물을 얼마나 주겠는가?"였다고 한다.

두 번째 원인으로는 사회주의적 무책임 및 책임전가 탓을 들 수 있다. 중국의 책임전가는 불행히도 사회 전체에서 자연스럽게 이뤄지고 있다. 관료들이건 민간기업의 피고용자이건 중국인들은 도무지 책임을 지려하질 않는다. 그런데 예를 들어 관료들이 자신이 맡은 분야에서 책임지고 스스로 판단하며 일하지 않으면 그 사회는 어떻게 되겠는가? 그래도 중국인들은 스스로 알아서 판단하며 일하려 들지 않는다. 그저 위에서 시키면 시킨 것만, 그것도 제대로 하지 않고 시간만 끌며 대충대충 하고 만다. 중국사회의 개혁과 혁신에 대한 중국 최고지도부의 몸부림은 실로 대단하다. 하지만 안타깝게도 개혁개방으로부터 이미 30년이 흘렀거늘, 중국사회에는 아직도 이처럼 사회주의의 부정적 악습이 뿌리 깊기만 한 것이다.

세 번째 원인으로는 중국인하면 빼놓을 수 없는 강한 배금주의 현상을 들지 않을 수 없다. 금전을 향한 중국인들의 열정은 새삼 더 이상 거론할 필요가 없을 듯하다. 새해 인사말 또한 당당하게 "돈 많이 버세요!"이니, 어느 정도인지 충분히 짐작이 갈 것이다. 상술에서만큼은 유태인 뺨치듯 한다는 중국인들은 사회주의 체제 아래에서 한동안 비즈니스의 '끼'를 발산할 수 없었다. 그러다가 개혁개방과 더불어 그동안 억눌렸던 욕망이 정제되지 못한 채 봇물 터지듯 터져 나오고 있는 것이다. 아울러 빈부격차의 급진전으로 인해 박탈감을 느끼게 된 자들 중 일부가 자신만을 생각하며 중국사회의 혼돈과 불신풍조 팽배를 더욱 부추기고 있기도 하다.

이에 대해 중국정부는 시민정신의 함양과 신뢰사회 건설 등을 목적으로 한 다양한 공익광고를 내보내고 있다. 아울러 다양한 슬로건을 내걸며 중국사회를 건전하게 이끌기 위해 혼신의 힘을 다하고 있다. 하지만 13억의 인구를 움직이기에는 한계가 너무도 뚜렷하다. 이와 같은 상황 속에서 사회의 불신풍조, 불신주의는 더해가기만 한다. 실로 매우 안타까운 현상이 아닐 수 없다.

중국식 부정부패의 특징

중국의 극심한 부정부패

 관리들의 만연된 부정부패를 개탄하는 중국인들 사이에서는 이들의 부패를 야유하기 위해 중국어 한자 부패腐敗의 '부腐'자를 현대식으로 바꿔야 한다는 풍자가 나돌고 있다. '부腐'자가 생긴 배경을 보면 재미있다. 정부政府를 나타내는 '부府'자 밑에 고기를 의미하는 '육肉'자가 결합된 것이다. 이는 이 문자가 만들어질 당시의 고기는 매우 비싼 음식이어서 관료들에게 뇌물을 줄 때면 주로 고기가 사용되었기 때문이라고 한다. 이로 인해 부府에 육肉자를 붙여 부패의 부腐자가 탄생한 것이다. 그런데 요즘은 누가 뇌물로 고기를 가져가는가. 현재 중국에서는 뇌물로 주로 돈과 여자가 활용되고 있다. 이를 고려하여 부府자의 밑에다가 육肉자 대신에 '금金'자와 '여女'자를 붙인 신종 문자를 만들자고 비꼬고 있는 것이다.

사실 관료들이나 정치인들의 부패는 중국뿐 아니라 다른 나라에서도 발생한다. 그런데 중국의 부정부패는 너무 극심하다는 데 그 문제가 더욱 심각한 것이다. 중국사회에 만연한 공갈협박이나 뇌물거래, 연고주의 등 끊임없이 분출되고 있는 이들 부정부패는 실로 국가의 존망을 흔들 정도이다. 2008년 5월의 쓰촨성 대지진 이후에도 부정부패로 인한 많은 지진 피해자들의 절망이 분노로 표출된 바 있다. 학교 붕괴로 자녀를 잃은 학부모들이 시 교육청을 찾아가 관리들이 뇌물을 받고 부실공사를 방관했다면서 이로 인해 무고한 자신들의 자녀가 숨졌다며 격렬하게 항의한 것이다. 쓰촨성 지진으로 무너진 학교건물은 6,900여 칸에 이른다. 또한 지진 당시에 10,000여 명이 숨진 더양 지역에서는, 구호물자를 빼돌리는 현장이 적발돼 이재민 수천 명이 시위를 벌였다. 더양시 뤄장현에서는 한 트럭이 라면과 생수 등 구호물자를 빼돌리다가 주민들에게 적발됐다. 이에 분노한 주민 수천 명이 해당 현 무장경찰 간부가 구호물자를 빼돌린 것이라며 밤늦게까지 시위를 벌였다. 쓰촨성 성도인 청두에서도 이재민 전용 텐트가 시중에 유통 중인 것이 적발됐다. 이로 인해 중국 정부는 원자바오 총리를 다시 지진 피해지역으로 급파하여 이재민 위로에 주력하는 한편, 지진 피해지의 절망이 정부에 대한 분노로 확대되는 것을 막기 위해 안간힘을 썼다. 구호물자 관리를 감시하기 위해 당 기율위원회를 현장에 급파하기도 했다. 쓰촨성 대지진을 계기로 중국은 국민통합을 강화하고 지도부에 대한 신뢰를 구축한 것으로 평가받기도 했는데, 그 와중에서 기승을 피운 지방정부 관리들의 부정부패로 인해 민심 동요라는 복병을 맞게 되었던 것이다. 상황이 이러다 보니, '국제투명도조직(Transparency International)'이 발표한 바에 의하면, 세계 주요 12개국 가운데 부패가 가장 횡행하고 있는 국가는 단연 중국이었다.

중국의 부정부패 현상에는 이 외에도 몇 가지 독특한 특징이 있다. 우선 부패 간부의 징수 금액이 상상하기 힘들 정도로 엄청나다는 점이다. 한국 돈으로 환산하면 10억 단위의 금액과 관련된 오직 사건은 아무 거리낌 없는 듯 끝없이 이어진다. 물론 그 금액은 나날이 늘어나고 있다. 예를 들면 1995년 베이징시의 전 서기 천시통(陳希同) 오직 사건 금액은 3,521만 위안이었지만, 2006년 9월의 상하이시 천량위(陳良宇) 건에서는 약 30억 위안에 달했다. 이 두 사건만 봐도 오직 사건의 금액이 8배 이상 증가하고 있음을 알 수 있다. 물론 다른 오직 사건도 이와 거의 유사하다. 중국정부의 최고수뇌부가 부패척결의 칼날을 더욱 날카롭게 휘두를수록 그 금액은 마치 위험수당이 큰 폭으로 증가하는 듯, 더욱 '대담하게' 치솟는 것이다.

부정부패에 연루된 이들의 대담함은 실로 믿기 힘들 정도이다. 다음과 같은 너무도 기가 막힌 대담한 부정부패도 발생하고 있다.

어느 날 중국의 사정 당국이 조사해 본 결과, 중국 각지 무기고에 보관되어 있어야 할 각종 군수장비가 장부 수치와 현저하게 다른 곳이 적지 않았다고 한다. 보관되어 있어야 할 전투기, 탱크, 장갑차, 소총, 전략용 연료, 대량의 야전침대, 군화 등과 같은 군수물자가 홀연히 자취를 감춘 것이다. 소문에 의하면 암암리에 다른 곳으로 팔려나가고 있다고 했다.

이에 중국인민해방군의 총참모부, 총장비부, 군사규율위원회 등으로 구성된 '특수안건 조사팀'이 2년에 걸쳐 조사를 실시했다. 그 결과 산서성, 운남성, 사천성, 호남성, 광서치완족 자치구 등의 각 군수창고에 보관되어 있어야 할 대량의 군수 장비품이 감쪽같이 사라진 사실이 드러났다. '후송처리(폐기처분)'로 구분했던 탱크나 항공기가 알루미늄합금으로써 기업에 전매되었고, 소총은 암거래 시장에서 마피아 등에게 판매되고 있었다. 특히 중국이 자랑하는 미그전투기 360기도 알루미늄합금으로 전매된 사실이 드러나 조사를 담당한 군 간부를 경악하게 했다. 탱크 1,800량은 비밀리에 분해되어 부품으로 판매되었고, 사천성의 군수창고에 있던 소련제 'T48' 및 'T50' 탱크와 장갑차는 산산이 분해되어 밀매되었다고 한다. 탱크나 장갑차의 모터는 1기에 10,000위안 정도에 팔린다는 것이다. 철강판은 제철회사에 스크랩으로 팔려나갔고 'T55' 탱크 700량은 아시아 각국으로 홀연히 그 자취를 감추었다. 이러한 부수입으로 지방부대 간부들은 사리사욕을 채워온 것이다. 이에 대해 보고서는 '전형적인 야

쿠자식 상거래로 국가자원을 갉아먹은 것'이라고 평가하고 있다. 군과 지방정부가 결탁하여 군수장비 및 물자를 '폐기처분' 명목으로 전매하고 있었던 것이다.

중국의 부정부패 현상에 관한 또 하나의 특징은, 부패 관리의 배후에는 대부분 여성이 존재하고 있다는 점이다. 중국의 신문보도에 의하면, 부패 간부의 95퍼센트가 따로 '애인'을 두고 있다고 한다. 이는 부패가 얼마나 여성과 밀접하게 관련되어 있는지 단적으로 알려주는 것이 아닐 수 없다. 부패가 적발되는 계기 또한 이들 애인들과 밀접하게 연관되어 있다. 부패한 당정관리들의 애인들이 결국 자기들의 '나으리'들을 고발하며 발각되는 경우가 많기 때문이다. 즉, 탐관오리들은 이들 애인에게 금전과 귀금속 등을 건네 왔는데, 이 금액 등이 그녀들의 욕망을 채워주지 못하게 될 때 그녀들은 비수를 뽑아 드는 것이다. 상황이 이러다 보니 그녀들의 증가하는 욕망을 채워주기 위해서라도 부패 관리들의 부패는 더욱 대담해질 수밖에 없다. 그런데 여기서 더욱 심각한 것은 부패 관리들에게는 이러한 애인이 여러 명 있다는 점이다. 한 신문기사에 따르면, 중국 한 지방의 국장에게는 15명의 애인이 있었다고 한다. 이들을 모두 서로 질투하지 않게끔 잘 관리하기 위한 '관리비' 조달을 위해 얼마나 열심히 '일'해야 했겠는가.

'흰개미들'에 잠식되는 중국사회

2006년 봄, 중국정부 싱크탱크인 사회과학원 계열의 기관지 「당대아태當代亞太」는 인도네시아의 수하르토 정권이 붕괴된 이유에 대한 연구 리포트를 게재, 다음과 같이 총괄하고 있다.

"수하르토 대통령은 강권적 정치수단으로 경이적인 경제성장을 실현했다. 하지만 이와 동시에 정권내부에서는 대통령 자녀들을 중심으로 한 부정부패가 만연, 이 때문에 결국 국민의 저항을 초래하게 되었다."

수하르토의 운명은 자칫 중국공산당의 미래 모습이 될 수도 있다는 심각한 경종을 울리고 있는 것이다. 물론 중국정부 또한 가장 무서운 것은 '내부의 적'임을 잘 인식하고 있다. 그리하여 중국정부와 공산당 최고위층은 부패척결에 그야말로 진땀을 흘리고 있다. 상당한 위기의식 속에 부패와의 전쟁에 나서고 있는 것이다. 오죽하면 탐관오리 킬러라 할 수 있었던 주룽지 전 총리가 이들로부터의 저항을 미리 각오한 듯, "100개의 관을 준비하라. 99개는 탐관오리들 것이며 1개는 나의 것이다."라고까지 했겠는가. 2008년 6월에도 중국정부는 '부패척결 5개년 계획'을 발표하며 의지를 더해가고 있다. 하지만 중국의 부패와의 전쟁이 과연 얼마나 효과를 나타낼지는 의문이 아닐 수 없다. 중국의 부정부패는 주로 공산당 간부나 관료들에 의해 저질러지는데, 공산당 일당지배 국가인 중국에서 공산당에게 칼을 댈 만한 곳이 따로 없기 때문이다. 공산당은 모든 조직을 체크할 권한을 지니고 있지만, 공산당을 체크할 권한을 지닌 조직이 중국에는 없다. 이러한 상황에서는 공산당 내부 감찰기관 등에 의한 단속에 의지할 수밖에 없다. 하지만 작금의 현황을 보건데, 이러한 내부 시스템만으로는 너무나 극명한 한계가 있다. 이로 인해 중국이라는 국가는 현재 당정의 관리와 간부들이라는 '횐개미들'에 대해 효과적으로 대처하지 못한 채, 그들에 의해 좀 먹히고 있는 것이다.

1989년 톈안먼 사태 때는 100만 명의 시민이 거리로 나와 반정부 시위에 참가한 바 있다. 그 배경에는 당시의 부패만연에 대한 중국인들의 강한 불만이 주요했었다. 그런데 지금의 이 상태로 부패가 계속 만연된다면, 또 다시 톈안먼 사태와 같은 국민적 저항이 재발될 가능성도 적지 않다. 그렇다면 향후 중국의 최고지도부는 과연 어떤 식으로 부정부패현상을 근절시켜 나갈 것인가?

중국의 부정부패현상 또한 사회자본, 즉 사회규범의 희박함과 윤리도덕 의식의 결여 등에서 기인한다. 중국사회의 사회자본의 취약함이 주된 원인이 되고 있는 것이다. 따라서 이를 개선하기 위해서는, 사회 구성원들이 사회자본에 크게 저촉되지 않는 범위 안에서 잘 행동하고 있는지를 감시하고 확인하는 기능이 필요하다. 특히 큰 권력을 지닌 부문에 대해서는 더욱 엄격한 관리 시스템이 절실하다. 감시 결과 권력자로서의 자격이 부족하다고 판단되면, 권력을 몰수하는 과감한 형벌체제도 필요하다. 이를 고려할 때도 중국사회에는 전술한 바와 같은 '미들웨어(middle ware)'가 절실하다고 아니할 수 없다.

이와 관련, 현재 중국은 이른바 '선의의 독재', '개발독재'라 불리는 시스템을 가동시키고 있다. 즉, 상부로부터의 관리와 감시 등으로 부정부패를 척결하며 좋은 시장경제를 지향하고 있는 것이다. 이 부분에서도 중국은 국제사회에서 관리들의 부정부패나 오직이 상대적으로 적다고 평가 받고 있는 싱가포르의 경우를 벤치마킹하고 있다. 하지만 싱가포르적 시스템이 중국의 부정부패 척결에 과연 얼마나 효과적으로 기능할지는 장담하기 힘들다. 그 엄청난 인구와 국토를 통치하기 위해서는 엄청난 수의 관리들이 필요하다. 그런데 이들을 제대로 관리하며 통제하고 순응시키기란 실로 간단하지 않기 때문이다. 실제로 중국의 중앙정부는 현재 경제가 발전하면 할수록 '항명'하는 경향이 강해지는 지방정부들로 인해 부심하고 있다. 국토가 방대한 만큼, 아무래도 지방정부에 독자적인 이권구조가 형성되기 쉽고 이 과정에서 지방보호주의와 각종 부정부패가 연루되기 쉽다. 바로 이와 같은 어려움 때문에 중국에서는 관리들의 금전적 부정부패에도 사형 등을 불사하며 강력한 척결의지를 보이고 있는 것이다.

너무 많은 사람, 너무 넓은 땅

너무 많은 중국인

 중국인들은 "대국은 대국만의 난처가 있다(大國有大國的難處)."라며 어려움을 토로하는 경우가 적지 않다. 그렇다면 이들이 말하는 대국만의 어려움이란 과연 무엇일까?

 2007년 현재 중국사회 전체적으로 볼 때, 중국인의 대학 진학률은 약 20퍼센트 전후에 불과하다. 대학생 비율이 그 정도밖에 안 된다는 것은 중국사회에서 아직은 대학생이라는 신분이 일종의 '특권'으로 통할 수 있음을 의미하는 것이기도 하다. 더욱이 내륙 지역의 시골마을에서는 지금도 고등학교 졸업자가 초등학교 교사 역할을 하는 곳이 있을 정도로 중국에서 대학생은 흔하지 않은 존재이다. 대졸자의 초임도 평균 2,500위안 전후로 시작되는데 고졸자인 동년배는 그 절반인 1,300위안 정도에 불과하다. 이처럼 중국에서의 대학생은, 수십 년 전 한국사회의 대학생들이 그러했듯이, 촉망받고 기대받는 동경과 질시의 대상이기도 한 것이다. 하지만 그 귀하신 중국의 대학생들이 이면에서는, 졸업하자마자 30~40퍼센트가 바로 실업자가 되는 처참함을 겪고 있기도 하다.

그런데 지금의 중국경제, 얼마나 잘 나가고 있는가? 그만큼 신규인력도 필요할 텐데 실업률이 이렇게 높다는 것은 이해하기 어렵다. 하지만 이는 사실이다. 그리고 그 원인은 의외로 우리가 일반적으로 상상하기 힘든 의외의 곳에서 찾아 진다. 다름 아닌, "쫑꿔런 타이 뚜어!(中國人太多, 중국인은 너무 많다!)"

13억의 인구라면 외국이나 외국기업에게는 틀림없이 기회의 시장이 아닐 수 없다. 하지만 이 13억이라는 숫자가 중국 국내에서는 무엇을 하려 해도 경쟁률이 너무 높은, 무엇을 하려 해도 이 중국인이 저 중국인의 발목을 잡고 또 잡히는 그야말로 해결하기 힘든 최대 난제이기도 하다. 즉, 고공행진을 구가하고 있는 중국경제만큼이나 인력 수요도 필요하지만, 봇물 터지듯 쏟아지는 졸업생으로 인해 일자리를 마구 찍어댄들 도저히 어떻게 감당할 수 없는 상황인 것이다.

대학 졸업생들은 그 많은 경쟁자들을 뚫고 살아남아야 한다. 일반적으로 중국인 학생들은 컴퓨터나 외국어 실력 등이 나쁘지 않다. 그럼에도 이들의 사회진출은 그야말로 낙타가

바늘구멍 들어가듯 해야 하는 형국이다. 이처럼 중국의 대학생들은 유례없이 이어지는 호황 속에 유례없이 심해지는 취업전선이라는 모순, 그야말로 '고난의 대장정'을 보내고 있는 것이다.

그런데 중국인의 과다過多함은 대학생에 국한된 것만이 아니다. 도로에서 경미한 접촉 사고라도 발생하면 뭉게뭉게 언제 모여들었는지 몰려 든 구경꾼의 인파로 그 일대는 곧 교통이 마비되다시피 한다. 식당이나 상점, 영화관 등과 같이 일상생활과 밀접한 곳 또한 불 난 호떡집과 같은 북새통의 예외는 아니다. 이러한 상황에서 공휴일이나 국경일에 모처럼 나들이라도 나가게 되면 입이 쩍 벌어지게 되고 마는 그 엄청난 인파, 인파, 인파! 어쩌다가 어디에서 무슨 행사라도 있어 가보면 어김없이 대규모 인파와 만나게 된다. 그 상황에서는 행사의 주된 내용을 채 접하기도 전에 이리 치이고 저리 치여 곧 녹초가 되기 십상이다. 이를 보면 중국 정부가 국내외에서 가장 두려워하는 것이 다름 아닌 엄청난 수의 중국인들이라는 점이 새삼 절감되어지지 않을 수 없는 것이다. 오죽하면 중국의 한 고관은 넋두리 반 섞어 "사실, 중국이 자급자족하는 것만으로도 세계는 중국에 감사해야 한다."고 말했겠는가.

너무나 방대한 영토

중국에는 엄청난 수의 인구 외에도 또 하나의 대국만의 어려움이 있다. 중국인들은 새로운 사람을 만나게 되면 습관적으로 출신 지역을 묻곤 한다. 대륙이 방대한 탓에, 각 지역의 고유 관습, 전통, 언어 등이 천차만별이고 또 여러 가지 요인에 의해 각 지역이 고유한 특색을 지니고 있어 이를 통해 앞으로의 교제 방향 등, 인간관계 설정의 밑바탕을 그릴 수 있다는 것이다. 실제로 중국문화에 정통한 한 중국인 교수는, 중국사회에서는 금융업계에서 인재를 선출할 때는 계산과 숫자관념이 뛰어난 산서성 사람이나 섬서성 사람을 선호하는 등, 각 지역 고유의 특성과 기질을 인간관계 및 사회관계의 중요 참고로 활용하고 있다고 한다. 아울러 '속은 텅 빈 채 우쭐대며 거들먹거린다.'(베이징인), '돈에 목숨 건 듯 경박하고 인색하다.'(상하이인)는 등의 각 지역 고유 이미지는 일상생활에서도 자주 이용된다. 예를 들어 결혼 상대를 고를 때면 "나는 상하이 출신인지라 베이징 사람과는 도저히 함께 살 수 없다."는 등의 소리가 자연스럽다고도 한다.

넓다고 할 수 없는 한반도에도 전라도 '깽깽이', 경상도 '보리 문둥이'라는 고유한 지방색과 독특한 기질이 존재하는데 한반도의 40배 정도에 해당하는 중국이야 과연 어떻겠는가. 같은 나라라고는 하지만 각 지방 고유방언은 외국어와 같이 서로 전혀 통하지 않거나 중경시처럼 일개 시市에 불과하지만 인구가 수천만 명을 훌쩍 넘기는 지역도 있으니 이것만으로도 각 지역 지방색이나 그 지역 사람들의 기질이 얼마나 다를지 충분히 짐작이 가고도 남는다.

이와 같은 상황 속에서 중국의 몇 몇 지방들은 해당 지역에 '적籍'을 두고 거주하는 법적으로 정식 해당지역 사람이냐 아니냐에 따라 공공연한 특혜(역으로 하면 차별)를 부여하기도 한다. 한 예로 상하이의 경우를 들어 보자. 중국의 여론조사에서 가장 살기 좋으며 대다수 중국인들의 거주 희망지 1순위로 지목되는 상하이는, 아쉽게도 상하이 토박이들의 타 지역 사람들에 대한 차별태도가 몹시 눈에 거슬린다. 그들은 타 지역 사람들을 공공연히 "와이띠런(外地人)"이라 호칭하는데, 이 속에는 온갖 차별의식이 포함되어 있다. 뿐만 아니라 상하이 사람들은 타 지역 사람들이 있는 곳에서도 중요한 말은 상하이 말을 쓰며 주위사람들을 무안하게 만들기도 한다. 이에 중국 중앙정부로부터 엄중경고를 받은 바 있으며, 중앙정부는 이를 계기로 각 지방정부의 공무원들이 공석이건 사석이건 간에 절대로 해당 지역의 방언을 쓰지 못하도록 엄금시키기도 하였다.

상하이 사람들의 이러한 태도는 중국 내 지역차별이나 지역감정이 그만큼 뿌리 깊다는 것을 암시하는 것이기도 하다. 실제로 중국은 영토가 워낙 크다 보니 중국 전역에서 나타나는 지방색과 이로 인한 지역감정 또한 심각하기 그지없다.

중국의 허난(河南)성은 뤄양(洛陽), 정저우(鄭州), 카이펑(開封) 등과 같이 중국역사의 주무대였던 '중원(中原)'에 자리 잡고 있는 곳이다. 즉, 허난성은 산시(陝西)성 시안(西安)과 함께 황하문명의 본거지였던 만큼 중국역사에서 중요한 지위를 차지했던 곳

이다. 그러나 과거야 어쨌든 현재의 허난성은 인구(9,200만 이상)
는 많지만 경제적으로는 가장 가난한 지역임과 동시에 개혁개
방 이후 중국사회의 모순점이란 모순점은 모두 갖고 있는 곳
으로 꼽힌다. 현대 중국의 사회문제 가운데 잠재적인 체제위
협으로까지 인식될 정도로 심각한 것이 피폐한 농촌문제인데
이 문제를 가장 함축적으로 보여주는 곳도 바로 허난성이다.
오죽하면 중국의 실리콘밸리라 불리는 베이징 쭝관춘(中關村)
의 일부 기업들은 '사원을 모집하지만 허난성 출신은 사절(此
地招工 河南人免談)'이란 포스터를 내걸어 논란을 일으켰으며,
중국 드라마에서 극중에 소매치기나 깡패가 나오면 그들이 사
용하는 방언은 허난성 방언인 경우가 많겠는가.

그렇다면 왜 유독 허난성 사람들만 중국사회에서 이다지
핍박받고 있는 것일까? 이에 대해 중국의 학자들은 '개혁개방
의 후유증이 낳은 사회적 병리 현상'이라고 분석한다. 허난성
은 내륙 지역이다 보니, 개혁개방 정책으로부터 소외되고, 산
둥(山東), 허베이(河北), 톈진(天津) 등 연안 지역보다 상대적으
로 낙후될 수밖에 없었다. 외국 투자기업은 허난성을 외면했
고 대기업도 적었다. 이 같은 상황에서 허난성에는 가짜 상품
을 생산하는 기업이 늘어났다. 경제난 극복을 위한 탈출구였
을 것이다. 이로 인해 허난성은 '가짜 상품 공급기지'라는 오
명을 얻게 됐다. 면화에 돌을 넣어 판매한 사건 등 허난성의
범죄사건이 잇따라 터지면서 부정적 시각은 더해 갔다.

일부 전문가들은 이와 같은 경제적 요인에 '한족 우월주의

에 대한 반발 심리'가 겹쳐 지역 차별을 부채질했다고 분석한다. 허난성 사람들은 역사적 자긍심이 높다. 따라서 기타 지역 중국인들은 '잘 살지도 못하면서 콧대만 높은 사람들'이라고 그들에게 손가락질하고 있다는 것이다. 이에 중국 언론은 '허난성 병리 현상'을 다루며 이와 관련한 공개토론 등의 모임도 적지 않게 개최했다. 또 허난성 문제를 정면으로 다룬 『중원을 해부한다(解讀中原)』라는 책이 출판돼 베스트셀러에 오르기도 하였다.

그런데 이와 같은 담론화의 움직임 속에서는 중국 정부의 한 가지 우려를 엿볼 수 있다. 즉, 허난성 문제의 이면에는 이를 통해 중국사회의 지역감정·지역차별을 인정하고 널리 알려 사회문제화 시킴과 동시에 사회통합 이데올로기의 한 소재로 삼으려는 중국 당국의 의중이 담겨있는 것이다. 이처럼 중국은 '너무 크고(地大) 많아서(人多)' 문제를 겪고 있다. 바로 이것이 우리로서는 쉽게 이해하기 힘든 대국만의 난처함이기도 한 것이다.

기업, 토지, 법 그리고 사회주의

중국사회 곳곳에는 아직도 비효율적이고 경직된 '사회주의'적 관습과 이를 기초로 하는 조직과 제도 등이 남아 있다. 이로 인해 이에 익숙하지 못한 외국인, 외국기업들은 중국 생활이나 중국 비즈니스에서 난감한 경험을 하게 된다. 이에 중국에서 외국인, 외국기업이 흔히 접하기 쉬운 중국사회의 대표적인 사회주의 색채 몇 가지를 소개하도록 한다.

'단위單位' 개념

정부기관이나 기업, 회사 등과 같은 우리의 직장을 중국에서는 일반적으로 딴웨이(單位)라고 한다. 그런데 이 딴웨이는 우리가 생각하는 직장 개념과는 많이 다르다. 그렇게 때문에 비즈니스 목적으로 중국에 진출한 외국인이나 외국기업들은 중국에 진출한 후에 기업 운영에 적지 않은 부담을 느끼게 된다.

중국의 딴웨이는 무상분배, 무상교육을 지향하는 사회주의의 영향으로 주택분배나 무상의료, 교육 등을 포함한 종업원의 거의 모든 생로병사를 돌봐주는 작은 사회요, 국가와 같은 역할을 해왔다. 딴웨이의 이와 같은 성격으로 인해 그동안 중국의 국유기업 등은 엄청난 부담에 시달려야 했고, 만성적 적자에서 헤어나기 힘들었다. 또한 이들 중국 기업들과 조인트 벤처를 설립하거나 이들을 M&A하는 외국기업들도 거의 동일한 부담을 피할 수 없었다. 현재는 그나마 상당히 개선되었다고는 하지만, 다른 자본주의 국가에서의 기업 운영과는 달리, 아직도 중국 측과 외국 측 모두에게 적지 않은 부담이 되고 있다.

딴웨이와 관련된 중국의 사회주의 색채는 또한, 기업의 공공기물이나 비품, 도구 등의 잦은 훼손과 도난 등에서도 나타난다. 이는 중국의 '사회주의'적 성격에서 기인하는 무책임한 '집단책임'의 한 전형이라 할 수 있다. 전술한 바와 같이, 중국인들의 준법정신이나 공공의식은 우리들과 매우 다르다.

이 중 회사나 조직의 물품들에 대한 중국인들의 의식은 대략 다음과 같이 두 가지 유형으로 나눌 수 있다. 먼저 '공공의 것은 곧 나의 것이 아니다.'라는 의식이다. 그 결과, 자신이 속한 회사나 조직의 비품이나 기물을 함부로 사용하고, 훼손행위 등에도 아랑곳하지 않는다. 공적인 것은 내 것이 아니므로 아무렇게나 사용해도 된다는 집단적 무책임의 전형인 것이다. 두 번째로는 '공적인 것은 곧 나의 것이다.'라는 의식이다. 이에 따르면, 회사의 공공기물이나 비품 등은 내 것이기도 하므로 내가 가져가도 되는 것이다. 이처럼 적지 않은 중국인 근로자들이 아직도 공과 사의 개념을 확실히 구분하지 못하고 있다. 그렇다면 이와 같은 상황에서 회사 비품의 훼손이나 도난을 방지하려면 어떻게 하면 좋을까? 한 외국기업은 중국인 사원에게 어느 정도의 인센티브를 주고 훼손이나 도난방지 감시역할을 부여했다. 그랬더니 골치 아팠던 훼손과 도난이 현저히 줄어들게 되었다. 뿐만 아니라 다른 중국인 사원들도 그 감시역할을 자신에게도 시켜달라고 요청했다고 한다. 무책임한 집단책임의 개인책임제로의 전환이 주효했던 것이다.

중국의 토지제도

토지의 국유화를 시행하고 있는 사회주의 중국에서의 토지 사용 역시 우리와 매우 다르다. 이를 잘 이해하지 못하면, 아파트나 주택 등과 같은 부동산 매입이나 비즈니스를 위한 회사부지 및 공장건물 등의 용도로 토지를 사용하려 할 때, 큰 곤욕을 치를 수 있으므로 잘 알아둘 필요가 있다.

중국의 헌법(제10조)과 토지관리법(제8조) 등에 의하면 중국

도시지역 대부분의 토지는 국가소유요, 농촌지역 토지는 집체소유로 되어있다. 집체소유 토지란, 원래 농촌의 행정기관 등에서 해당 지역을 위한 공공시설이나 공익사업용, 혹은 농지나 농가 등의 용도로 사용하도록 분배된 토지이다.

중국의 토지제도는 자본주의 국가들의 토지제도와 달리 '토지소유권'의 매매나 증여 등이 원천적으로 불가능하다. 그 대신 '토지사용권'을 국가로부터 무상으로 분배받거나 일정대가를 지불, 유상으로 취득하는 방식으로 사용할 수 있다. 다시 말해, 중국에서는 정부로부터 분배나 취득의 형태로 획득한 토지사용권만이 거래나 담보 설정 등의 형태로 사용될 수 있는 것이다. 또한 거래나 담보 등의 대상이 될 수 있는 토지는 국가가 소유한 도시부의 토지사용권일 뿐, 농촌지역의 집체소유 토지사용권은 원칙적으로 분배나 취득의 대상이 될 수 없다는 점에 주의해야 한다.

이와 같이 중국에서 토지를 사용해야 할 때는, 분배나 취득이 가능한 대상의 토지에 대해 적법한 분배나 취득 절차를 밟아야지만 사용이 가능하므로 이를 잘 확인할 필요가 있다. 그러면 어떻게 하면 토지사용권을 적법하게 취득, 사용할 수 있을까? 이에는 일반적으로 다음과 같은 몇 가지 절차가 있다.

① 합영기업에서 토지사용권을 취득할 경우 : 중국 측과 비즈니스를 함께할 경우, 일반적으로 중국 측 파트너에 의한 두 가지의 출자 방법이 있다. 먼저 중국 측 파트너에

게 '취득' 받은 토지사용권이 있고 이를 출자하려 할 때
는 그 토지소유권에 대한 가치를 평가, 쌍방합의하에 지
분으로 참가시키면 된다. 다음으로는 중국 측 파트너에
게 '분배' 받은 토지사용권이 있고 이를 출자하려 할 때
는 우선 관계당국과 협력, 분배에서 취득으로 토지사용
권의 성격을 전환시킨 다음에 출자하도록 하면 된다.

② 외국인이 독자적으로 토지사용권을 취득할 경우 : 외국인
에 의한 독자기업이 자체 명의로 관계 당국으로부터 정
당한 대가를 지불하고 토지사용권을 취득하거나 혹은 지
역에 따라서는 행정기관이 자신이 소유한 토지사용권을
투자유치 차원에서 무상으로 사용하게 해주기도 한다.

③ 제3자로부터의 양도 취득 : 당국으로부터 적법하게 취득
한 토지사용권을 소유한 타인으로부터 그 권리를 매매
혹은 양도받아 취득하는 것이다.

④ 임대에 의한 취득 : 당국으로부터 적법하게 취득한 토지
사용권을 소유한 타인으로부터 그 권리를 임대받아 사용
하는 것이다.

이렇게 취득한 토지사용권이 적법절차에 의해 제대로 취득
된 것인지를 확인하려면 어떻게 해야 할까? 중국의 토지사용
권은 등기를 마쳐야만 발급받을 수 있다. 따라서 이를 확인하
기 위해서는 해당 토지를 관할하는 토지관리국에서 해당 토지
에 대한 적법한 토지사용권자와 담보권 설정여부, 임대여부
등을 확인하면 된다. 즉, 중국 측 파트너나 혹은 이미 소유한

제3자가 적법한 과정을 거쳐 정당한 국유토지 사용증을 소유하고 있는지 여부를 관할 관청에서 확인하는 것이다.

중국의 토지제도와 관련해서 간과해선 안 될 또 하나의 중요 사항이 있다. 중국에서는 토지소유권자와 건물소유권자의 분리가 거의 불가능하다는 점이다. 이에 따라 토지 위에 지어진 건축물은 토지에 종속되는 것이므로 해당 토지의 권리변동과 더불어 권리가 변동된다. 따라서 해당 토지사용권을 취득한 자가 그 위에 지어진 건축물도 소유하게 된다. 마찬가지로 토지사용권을 소유한 자나 집체토지사용권자로부터 토지를 임대 받은 사람이 그곳에 건물을 짓더라도 그 소유권은 해당 토지사용권을 지닌 사람에게 귀속됨을 잊어선 안 된다.

한편, 중국에서는 공장지대나 도시개발, 댐이나 도로 건설 등을 위해 농민들의 터전을 수용, 산업기지화를 도모하기도 하는데 이러한 정책을 '성정화城靜化'라고 한다. 중국 당국이 토지를 수용할 때는, 일단 국유지로 중앙정부에 반환한 다음에 토지개발 허가를 받아야 하고, 그곳을 사용하던 농민들은 이로 인한 손실에 대해 금전보상을 받게 된다. 그런데 공산당 간부나 지방 관료들은 온갖 프로젝트를 빌미로 농민들을 가옥이나 전답에서 무리하게 내치며 사리사욕을 채우거나 외자기업 등이 토지수용의 대가로 지불한 보상금을 착복하고 있다. 지방정부에 의한 농민들의 농지 수용은, 헌법에 명시된 "'공공이익'을 위해 농지를 수용할 수 있다."는 규정을 근거로 하고 있는데 무엇이 공공이익인지에 대한 규정은 찾기 힘들다.

게다가 토지의 소유권 자체도 애매모호하다. 아울러 농가는 지방정부로부터 토지를 청부받아 청부계약을 체결하여 사용하고 있다. 그럼에도 불구하고 지방정부가 해당 토지를 이른바 '공공이익' 명목으로 다른 곳과 재계약할 때는 해당 농가와의 협의는 하지 않고 '생산대生産隊'라는 향촌 조직 등과 독단적으로 체결하는 경우가 비일비재하다. 이처럼 소유권 등이 명확하지 못한 탓에, 결국은 힘이 더 센 측에 의해 법규나 규칙 등이 오용되거나 무시되곤 한다. 이에 농민들이 분노하며 항의, 경찰이나 군과 충돌하는 폭동으로 악화되어 간다. 관료들의 부정부패로 인해 야기되는 폭동들은 농촌만의 문제가 아니다. 고속도로 건설 등과 같은 인프라 정비와 개발을 위해 원주민 시설 철거가 진행되는 도시에서도 위와 같은 폐해가 급속도로 확산되고 있다.

이렇게 볼 때, 중국의 토지소유권 제도와 관련해서도, 중국에서는 전술한 바와 같은 엄격한 미들웨어의 정비와 집행이 절실하다. 이러한 상황을 잘 모르고 중국에서 거주지를 매입하거나 사업용 토지 등을 구입 혹은 거래하려다가는 큰 봉변을 당하기 쉽다.

중국 사법부의 종속

중국에서 거주하는 외국인이나 외국기업들 중 간혹 겪게 되는 또 다른 곤혹스러움 가운데 하나는 중국의 사법제도에 대한 이해 부족에서 기인된다. 중국의 사법기관은 아직까지 완전히 독립되어 있지 못하다. 지방재판소의 인사권과 예산권을 지방정부가 지니고 있어 사법제도가 사실상 당국의 이권구조에 편입되어 있는 것이다. 이러한 현상은 베이징이나 상하이 등과 같은 글로벌한 대도시에서는 상당 부분 개선되었지만, 지방으로 가면 갈수록 아직도 의연하다. 이로 인해 외국인이나 외국기업이 소송을 제기할 때나 소송 당했을 때, 중국 측의 이권 구조에 휘말려 재판에서 승소할 가능성이 사실상 매우 적다.

게다가 중국의 재판제도는 아직 판례주의가 확립되어 있지 않다. 이에 따라 선례와는 정반대인 판결도 빈출하는 등, 법적 안정성 또한 아직 미흡하다. 중국의 법조인과 관련해 우려스러운 것도 한두 가지가 아니다. 1995년경부터 사법시험제도가 정식 실시된 중국에서는, 시험을 통과한 사람들만이 법조인이 될 수 있다. 하지만 지방에서는 아직까지도 법률적 소양이나 기초와는 무관한 일반인이 법관으로 버젓이 활동하고 있다. 법관 자리가 행정부 내부의 인사이동 차원에서 이뤄지거나 관직매매의 대상으로 암암리에 거래되고 있기도 하다. 한 변호사가 재판에 앞서 자신이 원하는 판결내용을 적은 메모와 함께 뇌물을 건넨 결과, 해당 판사는 판결을 내린다면서 결국, 그 변호사가 적어 준 메모를 그대로 읽어 버렸다는 기가 막힌 이야기마저 회자된다. 외국인 중에는 궁여지책으로 이러한 실정을 감안한 소송대책을 마련하여 승소하곤 한다. 그 비결은 다름 아닌 재판이 필요할 때는 적어도 2명 이상의 변호사를 고용하는 것이다. 한 명은 해당 법률 분야에 정통한 변호사이고 한 명은 해당 지역에서 영향력이 있는 유력한 변호사를 고용한다. 제대로 된 법률 지식과 전 방위적 로비로 승소를 도모하는 것이다.

잔존하는 부조리들

중국의 작은 권력자들

 중국에는 작은 권력자들이 많다. 인기 있는 물건 매장의 점원이나 손님이 몰리는 패스트푸드 매장의 판매원들, 시외버스, 극장, 공연장 등의 창구직원들도 중국사회의 '작은 권력자'들이다. 그들은 '막강한' 권력을 쥐고 자신의 선호와 자신과의 친소親疏에 따라 한정된 자원의 분배와 그 분배의 순서를 임의로 결정한다.
 이들이 한정된 자원을 임의로 분배하거나 우선적으로 공급하는 것과 같은 작은 권력을 즐기는 행태는, 부정행위와도 연결되며 사회문제시 되고 있다. 그들의 이와 같은 행위는 공무원의 오직污職 구조와 매우 유사하다. 국가권력이 아닌 작은 자원배분권에 불과하지만, 그들 또한 권력을 돈으로 바꾸는 연금술, 즉 '권력환금술'에 능통한 것이다.

중국에서는 정당하지 못한 방법을 써서 권력에 접근해 가거나 이를 통해 특정 목적을 달성하는 것을 '쪼우호우먼(走後門, 뒷문으로 가다)'이라고 한다. 예를 들면, 상하이나 베이징 등의 대도시 주택가격은 연일 급등하고 있어 일반 중국인의 수입으로는 구입하기 힘들다. 하지만 약삭빠른 사람들 중에는, '후문'을 이용해서 일반가격보다 훨씬 저렴하게 구입하곤 하는 이도 있다. 또는 거대한 아파트 개발상들이 간혹 특정일 특정 시간에 한해 고급 아파트 몇 채를 한정적으로 서비스 공급한다고 발표하는데, 이를 구입하는 사람들은 대부분 업계와 관계가 있는 사람들이거나 해당 업종의 관료들과 가까운 사람들인 경우가 많다. 그 발표라는 것이 관련된 사람들이 아니면 알기 힘든 요식행위에 불과하기 때문이다.

이런 식으로 부정한 혜택을 본 사람들은 이를 알선한 관료들에게 자신들의 작은 권력을 이용하여 특혜를 베푼다. 아울러 이를 중계한 관료들은, 이번에는 해당 업자에게 부정한 기회를 부여하거나 불법행위 등을 묵과해 준다. 흑막을 알게 된 다른 경쟁업체들도 나름대로의 인맥을 동원해 후문을 향해 달린다. 이러한 식으로 사회 각 분야에서는 작은 권력을 휘두르는 사람들이 늘어만 가고, 이와 연동하여 후문을 찾아 내달리는 현상 또한 팽배해 간다. 그 결과 중국은 불공정 현상의 심화로 인한 사회 불안의 증대, 건전한 근로의식 상실 및 사회 안전망의 붕괴, 빈부격차의 극단적 확대 등과 같은 다양한 부조리 현상에 노출된 채, 사회 내부의 병세를 악화시켜가고 있다.

이러한 부조리 현상에 대해 중국 당국은, 외국 동종 서비스업의 선례 도입과 같은 다양한 노력을 통해 체질개선을 도모하고 있다. 한 예로 중국 정부가 금융업계에서 종전과는 다른 방법을 도입하고 있는 점을 들 수 있다. 중국정부는 중국 금융의 핵이 되고 있는 4대 국유상업은행을 국제적으로도 통용되는 선진적 은행으로 개혁하기 위해 공적 자금을 대거 투입, 불량채권을 어느 정도 완화하고 주식회사 체제로 변경시켰다. 그리고 이들을 홍콩 등과 같은 해외시장에 상장시켰다. 이때, 중국의 금융기관 감독관리위원회는 이들 은행에 대해 주식상장의 조건으로 해외금융기관 두 군데 이상이 해당 은행의 주식을 소유하도록 의무화시켰다. 이러한 시도는 자본의 충실을 위한 것이 그 주된 목적이 아니다. 중국의 4대 은행에 외국계 금융업을 주주로 참여시킴으로써 그들의 투명하고 선진적 경영기법을 도입, 중국 은행의 체질을 개선하기 위한 것이기 때문이다. 이러한 노력은 금융업에만 국한되지 않고, 백화점, 유통업, 음식료업, 자동차업계 등 중국사회의 다른 분야로도 확대되고 있다. 외국 동종업계의 선진 시스템과 선진적 마인드를 적극 도입, 중국의 사회주의적 부조리 현상을 제거하며 경쟁력을 강화시키고자 노력하고 있는 것이다.

중앙과 지방의 서로 다른 각종 규제

중국의 또 다른 부조리 현상에 대해 알아보기로 하자. 중국에는 통일되지 않고 가변적인 정책이나 규제가 적지 않다. 넓은 국토만큼이나 각종 정책과 규제가 많으며 설상가상으로 이들은 중앙과 각 지방마다 서로 달라 상충되기도 한다. 경기과열에 대한 중앙과 지방의 입장 차이도 그 한 예가 될 수 있을 것이다.

중국은 현재 '투자과열', '융자과열', '돈 공급 과열'이라는 3개의 과열 속에 놓여있다. 과열경제를 놓고 중국의 중앙정부는 적잖이 부심하고 있다. 각 지방정부가 거시경제 측면에서 경제를 억제하려는 중앙정부에 대해 맹렬히 저항하고 있기 때문이다. 지방정부들은 "우리는 아직 윤택하지 않은데 굳이 잘 나가는 경제성장을 억지로 누를 필요가 있는가? 다른 방법을 강구해보라!"며 항변하고 있다. 사실, 과거에는 대부분의 지방정부가 재정면에서 중앙에 의존할 수밖에 없었다. 하지만 지금은 지방에 따라서는 토지 개발 등의 과정에서 나온 풍부한 지방세 덕에 재정상태가 윤택한 곳도 적지 않다. 이러한 변화를 기반으로 중국의 일부 지방들은 중앙정부의 과열경제 조정에 반대하고 있는 것이다.

호경기가 지속되며 자금사정이 풍부해진 민간기업들도 지방정부의 '반항'을 부추기고 있다. 이들 기업들은 풍부한 자금을 활용, 더 큰 '돈벌이'를 하고 싶은데 중앙정부에서 규제하므로 지방정부와 유착, 중앙에 대해 공동으로 저항하는 것이다. 이 과정에서 중앙정부의 기본 지침 등에 직간접적으로 배치되는 지방정부의 각종 규정이나 규제조치들이 속속 양산되고 있다.

이러한 상황을 잘 모르는 외국인들은 지방정부(중국 당국임에는 틀림없는!)의 권유와 보장만 믿고 중국 비즈니스에 나선다. 하지만 지방의 불응에 대해 중앙정부가 강경하게 나서게 되면, 이들은 곧 외국인 버리기에 돌입한다. 어느 날 갑자기, 중앙정부의 지침과 다르므로 안 된다는 말만 되풀이하거나 애매모호한 자세를 취하면서 사실상 '나 몰라라'하며 뒷짐을 지는 것이다. 그들은 피해를 보게 된 외국인들이 분통해하며 상급 기관을 찾거나 사법 당국에 호소하려 한들, 별다른 소용이 없음을 잘 알고 있다. 따라서 '잘 되면 좋고 안 되더라도 내가 손해 볼 것은 없다.'는 기가 막힌 무책임으로 일관하고 있는 것이다.

당과 공안 - 중국을 움직이는 축

중국의 정치제도 개요

 전국인민대표대회(전인대 : 우리나라의 국회)를 국가최고권력기관으로 하고 있는 중국은, 중앙의 통일적 관할 아래 행정 및 사법, 검찰 기구 등이 중앙에서 지방으로 연계되는 시스템으로 이뤄져 있다. 전인대 상무위원회와 국가주석, 그리고 국가중앙군사위원회 등은 전인대와 병렬적인 위치에 있으며, 국무원(행정부)과 최고인민법원(법원), 최고인민검찰원(검찰) 등은 예속적 위치에 있다. 하지만 전인대는 명목상으로만 국가최고권력기관일 뿐, 실제로는 공산당이 모든 권력을 장악하고 있다.
 1921년에 57명의 인원으로 창당된 중국공산당은, 2007년

말 기준으로, 약 7,000만 명의 당원을 보유하고 있다. 이는 세계 최대의 정당임과 동시에 단일조직으로도 세계최대를 기록하는 규모이다. 중국공산당은 국가의 중요한 정치·경제·사회·문화 분야의 제반 기구를 장악, 이를 통해 중국을 통치하고 있으며 중요한 국가적 의결 사안 또한 직접 결정한다. 이러한 현실을 고려할 때, 전인대와 그 결정사항을 집행하는 국무원은 사실상 공산당이 내린 결정의 집행기관에 다름 아닌 것이다.

중국공산당의 의사결정은, 먼저 총서기와 상무위원회 등이 국가의 주요정책을 제안하고 공산당 중앙위원회나 공산당 전국대표대회에서 그 비준을 받아 비로소 공산당의 공식적인 정책이 되는 과정을 거친다. 이런 식으로 공산당이라는 정당의 정책이 된 의안은, 중국이 취하고 있는 민주집중제(民主集中制, democratic centralism) 원칙에 의거하여 결국 국가의 주요 정책이 되어 집행된다. 이로써 알 수 있듯, 중국의 정치구도는 외견상 당黨과 정政이 분리된 것처럼 되어 있지만, 실제로는 공산당이 실질적인 정치권력을 장악하고 있는 것이다.

일반적으로 복수 정당이 존재하지 않는 사회주의 국가이지만, 중국에는 중국국민당혁명위원회, 중국민주동맹, 중국민주촉진회 및 중국농공민주당과 같이, 공산당 외에도 몇 개의 다른 정당이 존재한다. 하지만 이들은 사실상 독립적인 정당이라 하기는 힘들다. 이들 당의 중앙에는 주석과 부주석 등이 존재하지 않고 형식적인 서기국만 있어 주요 정책에 대해 공산당에 대해 지지의사를 표시하는 등, 사실상 공산당의 협조기구 역할을 하고 있기 때문이다. 이상의 기본지식을 바탕으로 이하에서는 중국의 공산당과 공안에 대해 좀 더 알아보도록 하자.

중국공산당

공산당 구조의 기본원칙

의사의 민주집중제를 취하고 있다. 즉, 공산당원들은 공산당의 각종 조직에 복종해야 하고, 의사결정과정에서 소수는 다수의 의견에 따라야 하며 하급조직은 상급조직에게 복종해야 한다. 아울러 공산당 산하의 각 조직과 전체 공산당원은 중앙당에 절대 순응하며 따라야 한다. 공산당 상부의 결정은 이와 같은 형식을 통해 공산당 내에서 고도로 집중된 주요 정책으로 추인되며 집행되는 것이다.

중국공산당의 중앙조직

1921년에 중국공산당이 결성된 당시부터 1927년 제5차 전국대표대회까지는 전국대표대회와 중앙집행위원회 그리고 중공중앙국의 편재로 구성되었다. 그러나 공산당 제5차 전국대표대회 다음에는 전국대표대회, 중앙위원회, 중앙정치국, 중앙정치국 상무위원회, 중앙감찰위원회 등으로 재편되었고, 1943년 1월에 중앙서기처가 신설, 아래와 같이 오늘날과 같은 편재를 이루게 되었다.

(1) 중국공산당 전국대표대회

전국대표대회(전대)는 중국공산당의 최고 의사결정기관이다. 5년에 1번 개최된다. 하지만, 중앙위원회의 요청이나 전국 성급 지방자치단체 가운데 3분의 1 이상의 요청이 있을 때는 임시로 개최될 수 있다. 가장 최근에 개최된 2007년 제17차 전대에서는 2012년 이후에 중국을 이끌어갈 차기 최고지도자들을 선출하였다. 이로써 알 수 있듯, 중국공산당의 최고 핵심기관인 중국공산당 전대는, 향후 5년에 걸친 중국 국사國事의 전반을 가늠하는 이정표와 같은 매우 중요한 의미를 지닌다. 아울러 전대가 끝난 뒤 곧 바로 개최되는 첫 번째 중앙위원회 전체회의에서는, 중국 중앙권력의 핵심인 중앙정치국 위원과 중앙정치국 상무위원 등이 선출된다. 이로 인해 향후 중국 최고지도부 권력의 향방을 가늠할 수 있어 이후의 '중국호'에 대한 전망과 관련되어 그 의미가 중차대하다고 아니할 수 없다. 전국대표대회의 주요 권한은 대략 다음과 같다.

① 중앙위원회 보고의 청취와 심사
② 중앙기율검사위원회 보고의 청취와 심사
③ 당의 중대한 문제의 토론과 결정
④ 당 장정章程의 개정
⑤ 중앙위원회와 중앙기율검사위원회 구성원 정원의 조정

(2) 중국공산당 중앙위원회

공산당 전국대표대회가 개최되지 않는 기간에 당의 최고의 사결정을 내리고 집행하는 기관, 즉 중국공산당의 실질적인 최고대표기관이다. 중국공산당 전대에서 선출되는 중앙위원회(임기 5년) 전체회의는 중앙정치국에서 최소한 매년 1차례 이상 소집해야 한다. 언론매체를 통해 흔히 접하는 중국공산당 '16기 2중전회'나 '17기 1중전회' 등과 같은 표현은, 제16차 전국대표대회에서 선출된 제16기 중앙위원회의 두 번째 전체회의를, 17기 1중전회라는 것은 제17기 중앙위원회의 첫 번째 전체회의를 의미한다. 참고로 1997년의 제15기 중앙위원회 위원은 193명, 후보위원 151명이었고, 2002년 제16기 중앙위원회 위원은 198명, 후보위원은 158명이었다. 2007년에 구성된 제17기 중앙위원회 위원은 204명, 후보위원은 167명이다.

(3) 중국공산당 중앙정치국

중앙정치국은 중앙위원회 전체회의에서 선거로 선출되는 권력의 최고핵심기구이다. 중앙정치국과 중앙정치국 상무위원회는 중앙위원회 전체회의 폐회기간에 중앙위원회의 주요권한을 행사한다. 현재 중앙정치국 위원은 24명이고 1명의 후보위원이 있으며, 중국 권력의 핵심 중의 핵심이라 할 수 있는 중앙정치국 상무위원은 이 24명의 위원 가운데 7명(2013년)으로 구성되어 있다.

(4) 중국공산당 중앙군사위원회

중국의 군대인 인민해방군은 원래 중국공산당군이었다. 이것이 중국의 국군처럼 된 것인데, 이는 중국공산당의 군사권력 장악은 곧 중국의 군사권력 장악을 의미하는 것이다. 중국공산당 중앙군사위원회 주석이 바로 중국의 군사권을 장악하는 최고의 권력 요직이다. 즉, 중국에서는 이 중국공산당 중앙군사위원회 주석직을 거머쥔 자가 바로 명실상부한 최고권력자가 되는 것이다. 그렇기 때문에 덩샤오핑이 중국의 핵심권력을 후계자인 장쩌민(江澤民)에게 이양할 때, 이 중앙군사위원회 주석직만큼은 유지하였고, 장쩌민이 후진타오에게 권력을 이양할 때에도 이 자리만은 가장 나중에 내어주었던 것이다.

(5) 중국공산당 중앙서기처

중앙서기처는 중앙정치국과 상무위원회의 업무기구이다. 중앙서기처의 서기는 중앙정치국 상무위원회에서 지명하여 중앙위원회 전체회의에서 통과시킨다. 1980년 제11기 5중전회에서 중앙서기처와 총서기직을 설립하였는데, 중앙서기처의 업무를 총괄하는 총서기는 중앙위원회 전체회의에서 선거로 선출된다. 현재 중앙서기처 서기는 7명이고 총서기는 1명이다.

(6) 중국공산당 중앙기율검사위원회

중앙기율검사위원회 위원은 중국공산당 전대에서 선거로 선출되며 서기 1명, 부서기는 때에 따라 7~9명으로 구성된다.

중국공산당의 지방조직

 당원이 7,000만 명이 넘는 중국공산당은 단일 조직으로는 전 세계에서 가장 큰 조직이라는 영예를 지니고 있다. 이는 중국공산당이 중국 전역의 최하 말단 행정기구에 이르기까지 그 지방조직과 기층조직을 거미줄처럼 드리우고 있기 때문에 가능하다. 즉, 중국공산당은 중국의 성, 자치구, 직할시의 대표대회위원회, 위원회, 기율검사위원회, 현, 자치현, 구, 향촌 및 이들이 설치되지 않은 시, 시 관할 구의 대표대회, 위원회, 기율검사위원회 등과 같은 모든 지방조직에도 설치되어 있다. 아울러 공장이나 상점, 학교, 기관 및 합작사, 농장, 향, 진, 촌村, 인민해방군 중대와 기타 중국의 각종 기층조직에도 설치되어 있다. 이는 공산당의 정식당원이 3인 이상 있는 곳에는 모두 당의 기층조직을 결성한다고 규정된 중국의 당장黨章에 의거한다.

 이와 같은 당의 기층조직은, 업무의 필요성과 당원 수에 의해 그 형식이 결정된다. 일반적으로 100명의 당원을 초과하는 기층단위는 상급 당 위원회의 승인을 거쳐 당의 기층위원회를 설립하게 되며, 기층위원회 하부에 총지부나 지부를 설치할 수도 있다. 당원이 50명 이상이 있는 기층단위에서는 당의 총지부를 설립할 수 있으며 그 하부에 약간의 지부를 설치할 수도 있다. 정식 당원이 50명 이하인 기층단위에서는 당의 지부만 설치할 수 있다. 3명 미만의 당원이 있는 기층단위에서는 인근 단위의 당원과 연합으로 지부를 결성할 수 있다. 기층위원회는 당원대회 혹은 대표대회에서, 총지부 위원회와 지부 위원회는 당원대회에서 선거로 선출된다. 아울러 이들 공산당 지방 각급 위원회는 해당 당 대표대회의 폐회기간에 상급 당 조직의 지시와 해당 당 대표대회 회의 결의를 집행하고 소속 지역의 국사를 지휘하며, 주요 사안에 대해서는 상급 당 위원회에 정기 혹은 수시로 보고해야 한다. 당의 지방각급 상무위원회는 위원회 전체회의 폐회기간 동안에 위원회의 권한을 행사한다.

한편, 중국공산당은 심각한 부정부패 문제를 안고 있다. 공산당 한 곳에 권력이 집중되어 있기 때문이다. 이를 잘 인식하고 있는 중국공산당 중앙 지도부는 공산당의 부정부패에 대해서는 더욱 엄한 일벌백계의 태도를 취하고 있다. 고삐 풀린 채 폭주하는 말을 잡으려는 듯, 강권을 사용하여 공산당 조직단속을 위해 서슬 퍼런 단속의 칼날을 휘두르고 있는 것이다.

중국의 공안

"군대는 갖추지만 사용하지 않을 것이므로(備而不用), 항상 여러분들이 필요하다(天天要用)."

1949년 10월 30일 즉, 중국이라는 국가가 새로이 건국된 바로 그해에, 중국의 저우언라이 총리는 이와 같은 말과 더불어 '국가 안위의 절반에 대한 책임은 여러분의 몫'이라며 신생 중국의 한 기관을 높이 치켜세웠다. 다름 아닌, 중국의 경찰조직인 공안公安이 바로 그들이다.

중국 공안은 국무원 직속 기관이다. 성省급 행정기구에 공안청, 현·시급에는 공안국, 그 하위 기구로는 공안파출소를 설치하고 있다. 각급 공안 조직은 해당 인민정부의 장長과 상급 공안기구에 의한 이중 지도를 받는다. 2007년 현재 중국의 공안은 약 170만 명으로 알려지고 있는데, 이는 중국 공무원 전체의 절반 정도에 해당되는 숫자이다. 1992년부터 5등급 13계급의 계급제도가 도입되었으며, 총경감, 부총경감, 경감(警監, 3등급), 경독(警督, 3등급), 경사(警司, 3등급), 경원(警員, 2등급)으로 나뉜다.

중화인민공화국공안부中華人民共和国公安部는 공안을 담당하는 관청이다. 그 관할은 공안기관과 인민무장경찰부대의 2개로 나뉜다. 최초에 공안은 중국의 군대와도 같은 조직으로 출범했다. 1949년 5월에 마오쩌둥은 중앙군사위원회 산하에 공안부를 신설, 국경 방어와 무장 경비, 치안 행정을 맡겼기 때문이다.

하지만 현재의 공안부는 통상적인 형사경찰, 교통경찰, 마약단속 등과 더불어 호적관리나 외국인주거등록, 소방 및 형무소관리, 그리고 비교적 경미한 민사사건의 중재 등도 담당한다. 특히 중국에서는 도시호적과 농촌호적이 엄밀하게 구별되어 인민들의 자유로운 거주이동을 제한하고 있는데, 경찰이 이들에 대한 인·허가권을 쥐고 있다. 중국의 공안에는 한국의 경찰 등은 인정하지 않는 예방구금제도라는 것이 있다. 이를 토대로 정치범의 구금 등도 이뤄지는 것이다. 이러한 인민경찰, 즉 공안은 일반적으로 무장을 하지 않고 '공안'이나 '경찰'이라 쓰여 있는 회색이나 푸른색 제복을 입고 있다.

중국 공안을 대하는 일반 중국인의 모습을 보면, 겁을 내거나 두려워하기 보다는 이렇다 할 특별한 느낌 없이 대하는 것 같다. 아직 공공의식이나 일반 사회규범의 정착이 제대로 이뤄지지 않은 중국에서는 사람들 사이에서의 사사로운 다툼이나 작은 교통사고 등이 빈번하다. 이럴 때면, 어디선가 홀연히 자전거에 몸을 실은 경찰이 나타나 이들의 싸움을 말리거나 이야기를 들어 주고 다독거리며 문제를 원만하게 해결해 준다. 완력이나 무력 사용과는 거리가 먼 이들의 모습을 보고 있노라면, 마치 동네 이웃과도 같은 느낌이 들기도 한다.

한편, 중국 생활 중에 외국인이 중국의 공안과 관계되는 부분으로는, 우선 외국인 등록을 들 수 있다. 중국에 거주하는 외국인은 외국인 등록을 한 뒤, 공안국에서 다시 등록하지 않으면 안 된다. 이는 중국에 입국하여 1주일 이상을 머물거나 중국에서 거주하려는 외국인에게 해당되는 중요한 법률사안이다. 관광목적이 아닌 거주나, 유학, 비즈니스 등의 목적으로 입국하여 학교의 기숙사나 호텔 등에 머무는 것이 아니라 스스로 거주지를 찾아 살게 되는 외국인이 제일 먼저 접하게 되는 것이 바로 이와 같은 경찰의 업무이다.

그런데 중국이라는 낯선 나라에 오자마자 생활 기반 다지기에 경황이 없는 상태에서 관할 경찰 당국을 찾아 제대로 신고하는 외국인은 그리 많지 않다. 하지만 그 어떤 사정이라도 중국 입국 후 3일 이내에 신고하지 않으면 중국 출입국관리법 위반이 된다. 이유 여하와 관계없이 신고를 하지 않으면 예외 없이 벌금 등의 행정처분을 받게 되는 것이다. 한번 생각해보라. 중국 생활 중에 어느 날 갑자기 중국의 현행법을 위반했다는 통지를 받게 된다면, 그때의 놀란 심정은 어떻겠는가? 그 외에 중국 생활 중에 외국인이 중국 공안과 가지게 되는 특별한 관계는 없다. 이는 마치 한국에서 생활하는 가운데 외국인이 접하게 되는 한국 경찰과의 관계와 거의 다를 바 없다.

인민무력경찰

일반적으로 우찡(武警, WuJing 또는 WJ)으로 불리는 인민무장경찰부대는 국내의 치안유지와 국경수비 등을 담당하는 준군사조직으로 1983년 4월에 인민해방군에서 분리되어 오늘에 이른다. 인민해방군의 근대화 작업에 따른 병력삭감과정에서 발생한 잉여인원을 국내치안유지 전문부대로 새로이 출범시켰다는 이야기도 있다. 이들의 주요 임무는 모든 정부건물을 포함한 주요 시설물 등에 대한 경비이며, 부분적인 형사경찰 기능도 겸한다. 국경지대에서는 이들이 통상적인 경찰업무를 수행한다. 이들을 중심으로 테러대책부대도 설치되어 있다. 무장경찰은 국무원에 소속되어 명목상 공안부가 행정상의 관할청으로 되어 있지만, 준군사조직이니만큼 중국공산당 중앙군사위원회의 지도하에 놓여 있기도 하다. 비록 그 명칭은 경찰이지만, 부대원은 병사와 장교로 나뉘며 현역군인으로서의 자격과 권리를 지닌다. 이는 무장경찰총대가 주관한다.

인민무장경찰은 중화인민공화국 성립 전에 인민해방군의 보조임무나 후방지원업무를 담당하다가 1949년 10월 중국이 성립된 뒤인 1949년 12월에 조직화된 인민공안부대가 그 전신이다. 처음에는 각지의 공안 부문 아래에 각 부대가 배치되어 통일적인 조직으로서의 실체가 없었다. 하지만 1950년 이후, 통일편성을 위한 시도가 이뤄지며 1952년에 인민해방군 공안부대, 1955년에는 인민해방군공안군으로 개칭되었다. 그 무렵부터 각지의 공안부대는 인민무장경찰로 불리게 되었다. 그리고 1957년에 다시 인민해방군공안부대로 돌아가며 1958년에 인민무장경찰, 1963년에 저우언라이의 의향에 따라 인민공안부대의 명칭으로 다시 돌아갔다. 하지만 1966년에 문화대혁명의 시작과 더불어 인민해방군에 통합되어 인민공안부대는 일단 소멸되었다.

오늘날의 인민무장경찰은 1982년에 재편된 것이다. 인민해방군의 장비나 인원의 일부를 공안부에 이관하고, 성, 시, 자치군 별로 무장총대를 설치한 것이다. 그 가운데 국내의 치안 유지를 담당하는 내위부대內衛部隊가 중심적인 존재이다. 이들은 장갑차나 기관총 등의 장비를 가지고 1989년의 톈안먼 사태의 진압에도 참여했다. 2008년의 베이징 올림픽 성화 봉

송 경호에는 무장경찰학교(간부후보생 육성학교)의 사관생도들이 선발되어 파견되었다.

무장경찰은 그 주요활동 내용에 따라 다음과 같이 나뉜다.

- 내위부대內衛部隊 : 국가 중요시설의 감시, 비상사태 시의 치안유지, 대규모 재해나 기간설비 건설 등에 대한 지원과 같은 경비와 치안유지 중심의 제반 활동
- 황금부대黃金部隊 : 금광의 관리와 금 생산 관련 활동
- 수전부대水電部隊 : 수력발전소 건설에 관한 제반 활동
- 교통부대交通部隊 : 도시나 항만, 도로나 교각 등의 건설과 같은 운수건설에 관한 제반 활동.
- 삼림부대森林部隊 : 산림 감시나 보호에 관한 제반 활동

다음과 같은 3분야는 국가공안부가 직접 관리한다.

- 수변부대邊防部隊 : 국경 경배와 관리, 밀수나 탈북자 등과 같은 불법 입출국 단속
- 소방부대消防部隊 : 소방과 관련한 제반 활동
- 경위부대警衛部隊 : 주요 요인 등에 대한 경호

무장경찰은 그 명칭에서도 알 수 있듯, 일반적인 인민경찰보다 중장비로 무장하지만 관청이나 중요시설 경비 등에서는 비무장일 경우도 많다. 제복 색깔은 진녹색으로 얼핏 보면 인

민해방군과 유사하다. 그런데 무장경찰의 이와 같은 임무와 역할 등을 보면 알 수 있듯, 외국인이 중국에서 생활하면서 무장경찰과 접할 기회는 일반적인 상황에서는 사실상 거의 없다고 할 수 있다.

중국의 중산층과 자유민주주의

현재 중국에는 중산층이 형성되고 있다. 그러면 이들 중국의 중산층은 중국의 자유민주주의에 대해 어떻게 생각하고 있을까?

중국의 중산층

먼저 중국의 중산층에 대해 알아보자. 중산층에 대해 국제적으로 통일된 개념은 아직 존재하지 않는다. 중국에서는 2001년 말에 중국 '사회과학원'이 내놓은 「현대 중국사회 계층 연구보고서」 이래, 비로소 중산층을 포함한 체계적인 사회계층 분류가 시작되었다. 사회과학원이 분류한 중국의 10대

사회계층 분류에 의하면, 중국사회는 상류층-중상류층-중중류층-중하류층-하류층의 5개 계층으로 나누어진다. 그리고 이들 각 계층은 다시 각각 2개로 분류, 결국 10개 계층으로 나뉘어져 있다. 이 가운데 흔히 일컬어지는 중산층에는 중상류층(주로 민간기업주와 테크노크라트), 중중류층(주로 사무직과 자영업자) 그리고 중하류층(주로 상업, 서비스업 종사자 및 제조업 근로자)의 3개 부류가 포함되며 이들은 전체 중국인구의 약 40퍼센트에 해당한다. 이 가운데 중하류층은 주로 상업과 서비스업에 종사하는 비전문 인력과 제2차 산업에 종사하는 육체노동자로 이뤄져 있어 사실상 하위층에 더 가깝다고 한다. 이렇게 볼 때 사회과학원의 분류대로라면 중국의 중산층은 결국 중국 전체인구의 약 14.7퍼센트, 총인구수로는 약 1억 9,000만 명 정도인 셈이다. 중국의 국가통계국은 중국의 중산층에 대해 약간 다른 통계를 나타내고 있다. 통계국에 의하면 중산층이 되려면 연간 6만~50만 위안의 수입을 올려야 한다. 이를 근거로 하면, 중국 전역에서 약 4개월간 30만 가구를 대상으로 조사하여 나온 결과, 중국에는 현재 전체 인구의 약 5퍼센트인 6,500만 명 정도가 중산층이라 할 수 있다. 이 비율은 2020년까지는 약 45퍼센트 정도까지 올라갈 것으로 전망되고 있다. 중국통계국의 이와 같은 계산은 UN산하 세계은행(World Bank)이 규정한 계산방법에 의거하여 나온 수치이다.

위 두 가지 자료에 의거해보면 중국의 중산층은 연간 약 8만 위안(약 1,200만 원)의 수입이 있으며 어느 정도의 지적 수준을

갖춘 사무직 혹은 자영업자라는 정의가 가능하다. 이들 중산층은 경제적 측면뿐 아니라 중국의 정치 및 사회도 주도하는 주요 역할을 담당한다. 이들은 비록 아직까지는 자신들의 요구와 주장을 공공연하게 드러내는 데 주저하고 있지만 중국의 정치 및 사회 자유화에 어느 계층보다도 더욱 촉각을 곤두세우고 있기도 하다.

중산층과 자유민주주의

외국에서는 중국 내 정치사회 문제에 대한 중국인들의 인식 및 그에 대한 표현에 적지 않은 제한이 있을 것이라 생각한다. 아직도 언론을 통제하고 있는 중국 당국을 고려할 때, 반드시 틀린 것만은 아니다. 하지만 그렇다고 우리가 생각하는 만큼 일반인 각 개인의 입에 재갈이 꼭꼭 물려져 있는 것은 아니다. 중국은 이미 ADSL방식의 인터넷만 해도 1억 3,000만 명 전후의 인구가 가입하고 있다. 개혁개방에 따른 외국어 학습 열풍, 유학 등으로 인해 중국인들도 활짝 열린 눈과 귀, 그리고 반쯤 열린 입을 가지고 있기 때문이다. 통제국가 중국이라고는 하지만, 이들 중국인들도 자신들의 문제에 대해 상당 수준 객관적으로 파악하고 있다. 또 현 상황의 개선을 위해 나름대로의 생각도 가지고 있다. 이들의 대부분이 기초적 생계 문제로부터 자유로워진 중산층임은 두말 할 나위가 없다.

상하이, 베이징, 톈진, 광저우 등으로 대표되는 중국의 상위

열 개 도시의 총인구는 약 6,200만 명 정도이다. 이를 13억 인구에 비교해 보면, 5퍼센트도 되지 않는다. 그렇다고 이들 대도시에 사는 사람들이 모두 중산층은 아니다. 즉, 그 가운데 중산층이라 할 수 있는 사람들은 이보다 훨씬 더 적다. 이러한 상황하의 중국에서 전국적인 선거가 이뤄져 농촌지역 사람들이 자신들의 이해관계에 따라 투표한다면, 전체적인 투표결과는 과연 어떻게 나올까? 그렇게 되면 인구비례상 압도적으로 많은 농촌이나 내륙부의 이해에 따라 그 결과가 좌우될 것이다. 그리고 이는 인구비례상 극소수에 불과한 중산층들의 이해나 견해와는 무관하거나 혹은 상반되는 결과일 수도 있다. 이와 같이 인구비례적 측면에서 바라볼 때, 자유민주주의에서와 같은 만인평등 1인1표제 실시에 대한 중산층의 입장은 현 상황에서는 반드시 적극적이라고 할 수만은 없는 것이다.

그 밖에도 중국 중산층(일반적으로 도시민)이 '자유민주주의를 신중하게 생각하는' 또 다른 이유가 있다. 바로 중국공산당이 도시와 농촌을 평등하게 취급하지 않았다는 점이다. 실제로 마오쩌둥 시대부터 공산당은 도시를 훨씬 더 우대해 왔다. 마오쩌둥 사후에도 이러한 경향은 더욱 뚜렷해지며 오늘에 이르고 있다. 이러한 상황에서 자유민주주의가 전격 실시되면 도시민들의 기득권 축소 및 상실뿐 아니라, 그동안 상대적으로 덜 중시되어 왔던 농촌지역으로부터의 보상차원의 요구 등이 불거져 나올 수 있다. 이 또한 도시지역 중산층들에게는 반드시 좋은 것만은 아닐 것이기 때문이다.

이렇게 볼 때, 지금과 같은 상황에서는 상하이에서의 '지역선거' 등과 같은 것이라면 몰라도, 국가의 중앙 지도부를 선출하는 전국적인 '보통선거'의 도입은 중국공산당뿐 아니라 중산층도 전적으로 달가워하지는 않을 수 있다. 즉, 중국의 중산층 중에는 중국경제가 지속적인 고성장을 구가하면서 기존의 질서체제 속에서 지금과 같은 자신들의 기득권 수호를 더 바라는 사람들이 적지 않을 것이다. 이를 고려하면, 설사 공산당이 권력을 놓는다 해도 도시 중산층은 경제발전이 제일이라는 이유로 군이나 치안당국과 손잡고 공산당과 다른 새로운 권위주의체제의 확립을 지지할 가능성도 전혀 배제할 수 없다.

중국의 중산층이 자유민주주의에 유보적인 이유

한편 서구식 자유민주주의의 도입으로 중국의 현안이 해결될 것이라고 믿는 중국인들은 서구사회에서의 기대나 생각만큼 그렇게 되지는 않는 것 같다. 그 이유로는 대략 다음과 같은 것들이 있다. 먼저 중국사회의 '빈부격차'와 관련이 있다. 중국에는 확실히 내륙의 농촌부와 도시부의 격차가 심하다. 하지만 내륙부의 농촌은 절대왕정 시대부터 줄곧 가난했다. 최근까지 전기나 수도와는 무관한 생활을 지속해 온 농민들이 적지 않다. 그들은 빈곤을 벗하며 안빈낙도 또한 하나의 삶이요, 인생이라고 여기며 살아 왔다. 그런데 그들도 지금은 나름대로의 집을 짓고 밝은 전등 밑에서 TV도 시청하며 살게 되었다. 생활수준도 경제발전과 더불어 상당히 향상되었다. 물론 그동안에 도시부의 발전은 훨씬 더 비약적으로 이뤄졌다. 하지만 그렇다고 이러한 도농의 격차를 내세우며 규탄만 일삼는 사람들은 그리 많지 않다. 그들도 명, 청 시대나 마오쩌둥의 '대약진시대'와 비교할 때, 현재 지금의 생활이 훨씬 좋아졌다는 점을 잘 알고 있기 때문이다. 이 같은 이유 등으로 그들은 지금처럼 발전하는 가운데 중국의 제반 문제를 점진적으로 극복해 나가면 되지, 굳이 중국의 실정에 맞지 않을 수도 있는 서구식 자유민주주의의 도입으로 해결할 필요가 있는가라는 생각을 지니고 있는 것이다.

다음으로 중국인들도 구소련의 경험 등을 잘 기억하고 있기 때문이다. 1989년의 톈안먼 사태는 경제 분야에 국한된 자유화를 추진 중이던 덩샤오핑 정권에게 정치 민주화를 요구하는 대규모 저항운동이었다. 같은 시기, 소련에서는 고르바초프 서기장이 경제자유화뿐 아니라 정치민주화까지 진행하고 있었음을 중국인들도 잘 알고 있었던 것이다. 그 결과, 1989년 5월, 고르바초프가 베이징을 방문했을 때, 엘리트층인 중국공산당원들 사이에서도 "중국에도 정치개방(민주화)이 필요하다."는 주장이 분출되기에 이르렀다. 톈안먼 사태는 바로 그 연장선상에서 발발한 것이다.

그런데 소련이 사분오열하게 된 것은 그로부터 약 2년 뒤인 1991년의 일이다. 이에 비해 경제 분야만의 개혁개방을 지속한 중국은, 국민의 경제적 생활수준을 비약적으로 끌어올렸다.

국가의 유지와 경제번영이라는 측면을 중심으로 고려한다면 덩샤오핑의 노선이 결과적으로 고르바초프의 그것보다 나빴던 것만은 아니었던 것이다. 게다가 개혁개방 이후, 시장경제와 더욱 밀접해지며 중국인들도 자유민주화가 진전될수록 빈부격차가 더욱 확대될 수 있다는 점을 깨닫게 되었다. 이 과정에서 자본주의를 채택하는 자유민주주의가 중국의 현안을 치유하기 위한 '만병통치약'과 같은 것이 되기는 힘들다는 점을 깨닫게 된 것이다.

중국의 자유민주화

중국 민주화 3유형

인류 역사를 보면 국가와 국민 모두 부유해지면 국민은 비로소 정치의 민주화를 요구하고 나섰음을 알 수 있다. 이와 관련해 스페인과 대만 그리고 우리나라의 예를 보면, 반드시 모두에게 적용된다고 하기는 힘들지만 대개 1인당 GDP가 2,000달러 정도가 되면 정치민주화를 요구했음을 알 수 있다. 실제로 스페인에서는 1936년부터 40년 가까이 독재정권이 지속되었는데, 1970년대 들어 1인당 GDP가 2,000달러를 넘어서면서 겨우 직접선거가 도입, 민주화가 실현되었다. 한국과 대만에서도 1인당 GDP가 2,000달러를 넘어서고 민주화가 실현되었다.

2005년 중국의 1인당 GDP는 1,740달러였다. 당초 2010년 경에는 2,000달러를 초과할 것이라 예상되었지만 이미 2년이나 앞당긴 2007년 말에 돌파하였다. 이렇게 볼 때, 2008년 올림픽과 2010년의 상하이 엑스포를 전후해서 중국은 큰 전환기를 맞이할 가능성이 적지 않다. 사실 지금의 중국공산당 정부도 중국이 장래에는 민주화되어야 한다는 점을 인식하고 있다. 그들도 공산당 일당지배가 지금과 같은 체제로는 영원할 것이라고 생각하지 않는다. 아울러 그들은 정치민주화를 너무 빨리 서두르게 되면 민주주의를 제대로 정착시킬 수 없을 수도 있음을 잘 인식하고 있다. 즉, 지금 상태에서 섣부른 정치민주화는 오히려 정국 불안정과 이로 인한 경제성장 좌절로 이어질 우려가 적지 않다고 판단하고 있는 것이다.

정치의 민주화를 성공시키기 위해서도 중국은 먼저 풍요로운 국민경제 실현을 최우선 과제로 하여 중산층을 더욱 두텁게 만들 필요가 있다. 하지만 전술했다시피 중국에서는 이제 막 중산층이 형성되기 시작했다. 이렇게 볼 때, 중국에서의 민주화는 아직은 좀 더 시간을 두고 지켜볼 필요가 있다고 할 수 있다. 그렇다면 중국이 향후 고려할 수 있는 정치민주화에는 어떠한 유형이 있을 수 있을까? 이에 대해 지금까지 성공한 아시아의 3가지 민주화 유형을 참고로 알아보도록 한다.

① 대만과 싱가포르 유형 : 이는 정부주도형의, 즉 위로부터

의 정치민주화이다.
② 한국과 대국 유형 : 국민들이 민주화운동을 일으킨, 즉 아래부터의 유형이다. 민중으로의 요구에 대해 정부 측이 어느 정도 양보하고 국민 측도 어느 정도 타협함으로써 민주화를 실현시킨 상호타협 유형이다.
③ 필리핀 유형 : 피플 파워에 의해 실현된 혁명과 같은 유형이다.

이 3가지 유형 가운데 중국은 아마 대만과 싱가포르 유형을 가장 선호할 것이다. 필리핀 유형은 최악의 선택지로 여기며 피하려 할 것이다.

사실 필리핀 유형은 중국 전체에 끼칠 위험이 너무 크다. 실제로 혁명처럼 민주화를 실현시킨 필리핀은 국가가 불안정한 상태에 놓여 있다. 경제성장률도 아세안 국가 중에서 가장 저조한 실정이다. 이러한 점을 고려하면 중국으로서는 피플 파워에 의한 민주화를 가능한 한 회피하고자 할 것이다. 하지만 공산당 정부가 혁명적인 민주화를 원하건 원하지 않건 실제로 어떤 유형이 될지는 누구도 장담할 수 없다. 일반 중국인들 역시 피플 파워로 민주화를 달성시켰다 해도 중국 전체가 혼란에 빠진다면 이 또한 원하는 바가 아닐 것이다. 구소련이 붕괴되었을 때, 서구권에는 어떠했을지 몰라도 당시의 소련 사람들에게는 너무도 큰 고통을 수반하였다. 실제로 1970년 세계경제에서 차지하는 소련의 GDP 비율은 10퍼센트였다.

그런데 2003년 시점에서의 그 비율은 1퍼센트 정도에 불과하였다. 국가도 분해되었고 정치는 대혼란 속에 빠졌으며 경제는 좌절하고 말았던 것이다. 중국정부와 일반 중국인들 모두 이러한 점을 잘 알고 있다. 그렇기 때문에 현재 중국은 남은 2개의 유형을 참고로 '중국특색'을 부르짖으며, '나의 길'을 모색하고 있는 것이다.

중국의 '자유민주화'가 쉽지 않은 이유

"중국정치는 비록 아직까지도 상부로부터 조종되고 있지만, 그래도 중국사회는 톈안먼 사태가 발발하던 당시와 비교할 때, 훨씬 나아졌다."

미국의 외교문제평의회 의장인 리처드 하스의 평가이다. 그의 평가가 반드시 틀린다고 할 수는 없다. 실제로 중국은 1989년 당시보다 많이 개선된 듯하며, 인민해방군이 베이징의 도심에서 위압적으로 발포하는 등의 모습도 더 이상 찾아볼 수 없기 때문이다.

하지만 이와 같은 중국에 대해 중국공산당 지배의 붕괴가 머잖아 시작될 것이라고 예측하는 사람들도 적지 않다. 그들은 "중국은 빈부격차를 해소할 수 없어 톈안먼 사태와 같은 민주화운동이 재발될 우려가 적지 않다. 이 상황에서 베이징 올림픽과 상하이 엑스포 등이 조그만 잘못되면 그 도화선이 될 것이다.", "중국인들은 민도民度가 낮은 사람들이므로 궁극적으로는 자멸할 수밖에 없다."고 한다. 그들은 중국에서 민주화 논의가 활발하게 이뤄지지 않는 이유는 공산당 수뇌부의 압력이나 통제 때문이라고 주장하기도 한다. 따라서 이 상태가 이어지면, 결국 공산당의 붕괴와 중국의 대혼돈은 불가피하다는 것이다.

'안정된 중국정치론'과 '중국공산당 붕괴론', 서로 양립하기 힘든 이 두 가지 견해에 대해 어떻게 접근해야 할까?

먼저 중국공산당의 붕괴와 관련된 것이다. 중국의 민주화가 진전되면 중국사회의 부정부패는 대폭 줄어들 것인가? 흔히들 그럴 것이라고 생각하겠지만, 반대로 더욱 악화될 것이라는 견해도 없지 않다. 경제자유화 및 정치민주화의 바람 속에 '일탈자'들이 더욱 기승을 피울 것이라는 것이다. 따라서 이들을 단속하고 응징하기 위해서도 더욱 강력한 정치체제가 필요하다는 논리이다. 중국정부의 논리도 이와 유사하다. 이와 관련, 중국 정부는 2006년 3월의 전인대에서 다음과 같은 '깜짝 놀랄 만한' 사안을 발표하였다.

"2005년 1년 동안에 농민폭동이 87,000건에 달했다."

"지방정부에 의한 토지거래의 60퍼센트는 위법이며 이로 인해 4,000만 명의 농민이 농지를 잃었다."

중국정부 스스로 밝힌 이러한 내용은, 물론 중국의 부끄러운 모습을 세계 만방에 알리고자 하는 것은 아니다. 당정 간부들의 부정부패와 오직을 단속하기 위해서는, 더욱 강력한 중앙집권제가 필요하다는 점을 호소하기 위한 것이다.

  이처럼 더욱 강력한 통치로써 부정부패를 일소하고 농민폭동을 방지한다는 것이 중국공산당 정부의 방침이다. 확실히 거대한 국가를 통치하기 위해서는 강권통치도 필요할 것이다. 그렇지 않으면, 중국은 더욱 혼란해지고 이로 인해 경제발전도 침체될 수 있다. 이를 위해서도 관리들에 의한 부정부패를 단호하게 일벌백계할 강력한 통치수단이 절실하다. 이러한 맥락에서 중국 정부는 오직에 연루된 관리들을 과감하게 처형하기도 하는 것이다.

  일반적인 서구적 인권관에 의하면, 부정부패 범죄자에 대해 사형집행 등은 이해하기 힘들 수도 있다. 하지만 사형집행이라는 극한적인 처방에도 불구하고 중국에서의 오직은 전혀 줄어들고 있지 않다. 바로 이와 같은 현실이 중국 지식인들을 곤혹스럽게 하고 있다. 그리고 이로 인해 중국사회에서는, '경제자유화 속도가 너무 빠르다.'는 논의는 있어도 '공산당 일당지배의 혁신적 개혁'이나 '서방식 자유민주주의의 전격 수용' 등과 같은 논의가 적극적으로 이뤄지지 않는다. 이처럼 중국에서 민주화 논의가 활발하지 않는 이유는, 전적으로 중국공산당 상층부의 압력이나 통제 때문만은 아니라는 견해도 없지 않다. 실제로 중국의 젊은 지식인들 중에는, 그 자체로도 문제

점들을 내포하고 있는 서구식 자유민주주의의 도입보다는 중국의 실정에 맞는 중국식 자유민주주의로의 변형을 통해 새로운 민주주의 유형을 개척해 나갈 필요가 있다고 생각하는 사람들이 늘어 가고 있다.

중국 이해를 위한 기본 마인드

'무한'한 변화 vs. '유한'한 인식

우리는 중국을 어떻게 바라봐야 하는가? 이와 관련, 먼저 중국을 바라보는 우리의 시각에 대해 성찰해 보도록 하자.

1949년의 건국 이래 일당지배를 지속중인 중국공산당은, 원래 노동자와 농민을 위한 '계급'정당이었다. 마찬가지로 중국이라는 국가 또한 중국공산당이 자본가나 자산가 계급과 싸워 승리함으로써, 노동자와 농민층을 대변하는 성격의 국가로써 수립되었다. 이처럼 자본가나 자산가는 원래 중국공산당의 '적'이었다. 하지만 2003년의 전당대회에서 중국공산당은 대대적인 노선전환을 실시, 자산가와 자본가의 공산당 입당도 전격 허용하였다. 이를 통해 중국공산당은 계급정당으로서의 원래 모습으로부터 탈피하고, 전 인민의 이익을 대변하기 위한 국민정당으로 거듭났다. 시대의 변화에 따라 얼마 전까지만 해도 상상하기 힘들었던 '적과의 동침'을 과감히 수용한 것이다.

그런데 중국의 이와 같은 '무한'한 변화와는 달리 이를 바라보는 우리의 시각은 아직도 '유한'하기만 하다. 과거에 형성된 '당시'의 인식만으로 시시각각 변하고 있는 '오늘'의 중국이 제대로 보일 수 있을까?

이에 대한 하나의 예를 들어 보자. 동일한 사회주의 국가라고 해도 지금의 중국과 구소련은 많은 면에서 다르다. 그럼에도 이들을 '사회주의'라는 기존의 교과서적 '틀' 속에서 동일하게 바라보고 재단하려 한다는 것은 큰 오류가 아닐 수 없다. 중국은 아직도 사회주의 색채가 강한 규칙이나 제도 등으로 둘러싸여 있어 경직되고 폐쇄적인 사회로 인식되기 쉽다. 하지만 이는 표면에 불과한 경우가 적지 않다. 실제로 현재의 중국사회를 파악하는 중요한 키워드 가운데 하나로는 '표리부동'을 들 수 있다. 덩샤오핑이 실시한 '사회주의 시장경제'의 도입이 이를 상징적으로 잘 나타내 준다. 중국은 아직도 '당당하게' 사회주의 국가임을 주장하고 있다. 그럼에도 불구하고 '당당하지 않게' 시장경제라는 자본주의 경제 시스템을 도입했기 때문이다.

사실 원래의 이론에 입각해 볼 때, 사회주의와 시장경제는 융합하기 힘들다. 그렇지만 중국은, 사회주의 국가라는 간판을 내걸은 채 선전이나 주하이 등에 경제특구를 설치, 외국자본을 적극 도입하였다. '일국양제'라는 새로운 제도를 만들어서 홍콩 문제 등도 해결하였다. 이처럼 지금의 중국은 표면과는 상반되는 내용일지라도, 필요하다면 자국 현실에 맞게 수정하며 새롭게 도입하는 등, 적극적으로 변화하고 있다. 구소련과 같이 '경직'된 사회주의 국가와는 상이한 또 다른 '창조'적 사회주의 국가의 면모를 지니고 있는 것이다. 그럼에도 불구하고 중국을 기존의 사회주의 이론 속에서 파악하려 하고 그 결과 이론과는 너무 다르다고 비난하는 것은, 어쩌면 우리 사고의 전근대적인 한 단면을 단적으로 드러내는 것이다.

그렇다면 사회주의 붕괴와 더불어 그 상대적 우월성이 입증된 자유민주주의적인 시각에서 바라본 중국은 어떨까? 실제로 미국을 위시한 서방국가들이 이러한 서구식 자유민주주의 관점에서 중국을 바라보며 비난하고 있다. 하지만 자유민주주의가 모든 객체에 최적으로 잘 맞는 만병통치약은 아닐 것이다. 자유민주주의라는 것이 얼마나 완벽하다고 모든 새로운 것도 이 틀 안에서 재단하려 하는가? 아니 그보다도 우리가 사는 이 세계를 반드시 기존의 자유민주주의 아니면 공산사회주의라는 이분법적 잣대로만 파악해야 하는가? 이 두 가지 잣대만을 고집한다면, 앞으로 대두될 수 있는 더욱 다양한 다원적 세계의 출현을 원천적으로 봉쇄시키는 격이 될 수도 있지 않을까? 새로운 것에 대해 낡은 것만 들이대다 보니 '중국은 이러저러하니 이상하다', '중국은 이러저러해야 한다'는 비아냥거림과 비난이 쏟아져 나오기 십상이다. 문제는 내 안의 낙후된 편견에서 비롯되고 있음에도 말이다. 결국 중국이라는 역동적인 유기체를 제대로 읽어 내려면, 우리는 먼저, 우리 안의 낡은 틀과 닫힌 사고로부터 벗어나야 하는 것이다.

우리는 현재 13억이라는 인구를 지닌 인류사상 최초의 초거대 단일국가와 함께 하고 있다. 이제껏 그 누구도, 그 어느 나라도 이와 같이 엄청난 규모의 단일국가와 함께 교류하거나 지내본 적이 없다. 그러면 어떻게 교류해야 하는가? 그 누구도 경험해 본 적이 없는데 그 해답을 어디서 어떻게 구해낼 수 있을까? 현재의 중국을 두고 정작 우리에게 시급한 것은 비난과 비아냥거림이 아닌, 이에 대한 진지한 연구와 논의 등이 아닐까 생각된다. 지금까지의 낡은 이론적 틀이나 경제 군사력 위주로 바라 본 기존의 중국관에서 벗어나, 새로운 시점에서 새로운 중국관을 정립하도록 연구하고 고민하며 논의할 필요가 있기 때문이다. 어찌 보면 지금의 '중국 현상'은, 어쩌면 우리에게 새로운 문제제기를 하며 그 문제에 새롭게 접근하도록 요청하는 각성제요, 기폭제일 수 있다. 중국이라는 새로운 객체를 탐구하고 관찰하여 이를 잘 분석하고 해석해 낼 수 있는 지적 탐구를 요구하고 있는 것인지도 모르기 때문이다. 이를 위해서도 우리가 먼저 더 열린 사고와 개방된 자세로 중국을 새롭게 맞이하도록 스스로를 새롭게 갖추어야 한다. 우리 선조들 또한 '새 술은 새 잔에 담아야 한다'고 하질 않았는가?

우리가 '유한'한 사고에서 벗어나기 위해서는 먼저 내 안의 마이너스 사고에서 탈피할 필요가 있다. 중국은 2010년경으로 예정하고 있던 1인당 GDP 2,000달러 고지를 이미 2007년에 돌파하였다. 하지만 그렇다고 결코 즐거워할 수만은 없을 것이다. 중남미에도 최근 십 수 년 동안 2,000달러를 돌파한 곳이 몇 나라 있었다. 그러나 2,000달러 돌파 후에도 OECD(경제협력개발기구)에 가입할 만큼 안정적인 성장을 계속했던 나라는 멕시코밖에 없다. 다른 대부분의 나라들은 빈부격차나 부패 만연 등으로 국민의 불만이 폭발, 정국이 불안정한 상태에 놓이고 말았다. 경제도 정체상태에 빠져 들었으니 이를 일컬어 '남미현상'이라고 하기도 한다. 그런데 향후 중국에도 유사한 현상이 발생하지 말라는 법이 없다.

이러한 상황에서 과연 중국이 양극화문제, 환경문제, 에너지문제, 식량문제, 정치민주화문제 등과 같은 격동의 시대를 잘 극복해 나갈 수 있을까? 이 부분에서 중국과 중국경제가 혼란 속에서 붕괴되기를 바라는 마이너스 사고가 등장한다. 이는 대단히 위험스러운 발상일 수도 있다. 중국의 거대함에 비춰볼 때, 그 혼란은 자칫 전 세계의 혼란으로 악화될 수 있기 때문이다. 중국이 크게 요동치게 되면, 일차적으로 이웃한 우리와 일본에게 비화할 그 부정적 파급 효과 또한 실로 엄청날 것이다. 이렇게 볼 때, 중국과 관련해서 정작 우리가 해야 할 일은, 어쩌면 중국의 현황과 문제 해결 노력을 예의주시하며 이를 잘 극복해 나갈 수 있도록 지켜보고 도와주는 것일 수도 있다.

균형 잡힌 사고의 중요성

흠잡으려고 하면 끝이 없다. 부정적인 시각으로 보려고 하면 한없이 그렇게 보이는 것이다. 그런데 거기에 경쟁의식이나 대립각 등이 더해지면 한없이 편향된 시각만 양산하게 된다.

1949년의 중화인민공화국 건국 이후, 중국공산당 정부는 영토 확장 전쟁, 국경분쟁에 몰두해 왔다는 견해가 있다. 물론 이에 대한 상반된 시각도 있다. 당시의 혼란스런 국내정치와 무소불위의 최고결정권자의 개성이 반영된 혼돈기의 국내외 정책, 즉 비정상적 상황에서 돌출된 비정상적 행태라는 것이다. 이처럼 특정 객체나 특정 사안을 좀 더 올바르게 파악하기 위해서는 더욱 다양한 시각에서 접근하며 바라보는 치우치지 않은 자세가 매우 중요하다. '흑'이 있으면 '백'도 있고, '명'이 있으면 '암'도 있지 않은가?

국제사회에서는 중국의 부상이 현저할수록 이른바 '중국붕괴론'도 커지고 있다. 중국의 각종 현안으로 중국정부는 기능이 마비되고 이로 인해 중국도 붕괴될 것이라는 얘기다. 하지만 이는 선뜻 동의하기 쉽지 않다. 중국 현지에서 지내다 보면 현재의 중국공산당 정권은 그 평가가 엇갈리고 있기는 하지만, 반석 위에 놓여 있다는 느낌이 드는 것도 사실이다. 현재의 중국인들 또한 어찌되었건 그들을 대체할 만한 더 나은 대안세력이 부재하다는 점을 잘 알고 있다. 이 상황에서는 그들에 대해 부분적인 저항이 있어도 이것이 곧 정권 자체에 대한 전 국민적 반발로 비화될 것이라고는 생각되지 않는다. 중국은 오히려 이와 같은 저항을 겪으며 더욱 견고한 발전을 지속할 수도 있을 것이다.

향후 중국에서의 정권교체가 다소 불규칙적이고 거칠게 일어날지도 모른다. 하지만 이 또한 어디까지나 정권교체 차원의 문제일 뿐, 중국이라는 국가의 전면적인 붕괴 차원은 아닐 것이다. 아울러 자유민주화의 추진 등으로 중국의 국가체제가 적절한 절차와 방법에 따라 연방국가와 같은 형식으로 바뀔 수도 있다. 그러나 이 역시 국가의 붕괴와는 차원이 다른 이야기이다. 이것은 중국을 무작정 두둔하려는 것이 아니다. 다만, 다양한 면으로 이뤄지는 한 객체를 지나치게 한쪽만 부각시켜 바라보는 편협성과 그 위험에 대해 지적하고자 하는 시도일 뿐이다.

중국의 경제와 관련되어서도 마찬가지이다. 이에 대한 한 예로서 현재 끊이질 않고 있는 중국의 버블 붕괴에 관한 소문에 대해 생각해보자. 버블 붕괴를 우려하는 반대편에는 중국 투자에 대한 긍정적 시각 역시 이어지고 있다. 장기적으로 볼 때, 중국의 내수 확대 잠재력이 어마어마하기 때문이다. 이와 관련, 1910년대부터 중국을 주시해 오고 있는 미국 록펠러 재단의 중국의 현상 및 미래에 대한 다음과 같은 분석은 참고할 만하다.

"과잉투자 버블의 붕괴는 있을 것이다. 하지만 이는 일시적인 성장의 감속에 불과할 것이며 그 이후에도 경제성장은 지속될 것이다. 즉, 중국은 버블의 발생과 붕괴를 반복하며 더욱 견고하게 성장해 갈 것이다."

동감하는 부분이 적지 않은 분석이다. 이는 미국이나 일본 등과 같은 경제 강국의 궤적을 봐도 그렇다. 실제로 그들 또한 크고 작은 버블 경제와 그 붕괴를 경험해 왔다. 하지만 그렇다고 이들의 경제가 나락으로 떨어지며 이들의 시장이 매력을 잃고 실추해 버렸는가? 이들은 오히려 그 쓰라린 경험을 통해 경제기반을 더 강화시켜 오질 않았던가? 마찬가지일 수 있다. 중국 또한 버블의 생성과 붕괴의 순환을 겪으며 경제대국으로의 길을 지속할 가능성이 적지 않기 때문이다. 이렇게 볼 때, 중국 경제 붕괴와 이를 통한 '중국붕괴론'은 극단적인 부정적 시각에 불과할지도 모른다.

마이너스 사고를 버리자

우리가 바라보는 관점을 달리해 보면, 중국은 기존의 사고체계로는 이해하고 파악하기 힘든 불가사의한 '매력'을 지닌 국가로 다가오기도 한다. 인류 역사상 전무한 13억의 거대 단일국가라는 점만으로도 중국은 충분히 불가사의하지 않은가. 불가사의한 국가이니만큼 이해하기 힘든 것도 당연할 수 있다. 불가사의한 국가이니만큼 우리의 예측을 벗어나 위협적으로 여겨질 수도 있다. 하지만 우리는 다른 불가사의한 것에 대해서도 비난하고 없어져 버려야 한다고 성토하지만은 않는다. 이처럼 한 걸음 물러서서 생각해보면, 중국은 아무리 열심히 바라보고 연구하며 고민해도 싫증나지 않는 매력적인 객체일 수도 있는 것이다.

본래부터 우리와 현저히 다른 DNA를 지녀온 중국, 게다가 중국은 우리가 경험해본 적이 없는 모습으로 떠오르고 있다. 우리는 호불호를 떠나 이들과 함께해 나가야 한다. 바로 우리 옆에 이웃하고 있지 않은가? 그런데 우리는 이들과 어떻게 교제해 나가야 할지 아직 잘 모른다. 다행히 현재 중국정부는 중국이 처한 국내외적 어려운 상황 속에서도 거대한 중국을 잘 이끌기 위해 부단히 노력하고 있다. 이 같은 중국의 미래가 어떻게 될 지 아직은 판단하기 쉽지 않다. 중국붕괴론이 현실화 될 수도 있을 것이다. 반대로 중국 정부의 노력과 시도가 중국인들을 그 어느 때보다도 더욱 행복하게 만들 수도 있다. 이를 통해 우리도 그 긍정적 영향을 받아 더 발전해 나갈 수도 있다. 그렇다면 우리는 중국을 어느 쪽에도 치우치지 않은 평상심을 지닌 채, 일단 있는 그대로 관망해 볼 필요가 있다. 그러는 가운데 중국이 '폭주'하지 않도록 주의시키며 도와주고 대처하도록 하자. 그러면서 기존의 잣대를 고집하는 다른 이들에게도 새로운 객체에 대한 새로운 관점과 새로운 인식의 틀을 일깨워 나가도록 하는 것이다.

나오며 : 중국, '보고' 대 '양날의 칼'

 한국과 중국, 더 나아가 한·중·일 3국은 지근거리에서 수천 년에 걸친 교류의 역사를 공유해 왔다. 과거에는 다양한 중국 문화가 한반도로, 또 한반도의 찬란한 문화가 일본으로 전달되며 일본의 독특한 전통문화의 토대가 되었다. 바로 이러한 역사적 경위 때문일까, 혹은 동일한 동양인의 외모 때문일까, 동북아의 우리들은 서로에 대해 부지불식간에 자신들과 다를 바가 별로 없을 것이라고 생각한다. 그러한 근거 없는 기대 속에 행동하고 그러한 반응을 당연시하는 경향이 적지 않다.
 그런데 이와 같은 생각과 기대는 상호 이해라는 관점에서 볼 때 커다란 장애 요소가 되기도 한다. 자기도 모르게 자신들의 관습, 전통, 문화 등을 중심으로 상대방을 파악함으로써 상대방의 관습, 전통, 문화 등도 자신들의 그것과 유사할 것이라고 착각하기 쉽기 때문이다. 이 속에서 상대방이 지닌, 자기와는 다른 그들만의 모습을 발견하고 이질감을 느낀다. 다를 수밖에 없고 또 다르므로 자연스러운 그 모습에 대해 실망하고 비난하는 것이다.

이를 고려할 때, 우리가 중국을 더 잘 이해하고 이를 기반으로 중국과의 교류를 심화시켜 나가기 위해서는 우선 우리 위주의 '상호발전장애적' 사고에서 벗어나야 한다. 서로가 다르다는 기본 인식 속에 서로 존중하고 양보하며 공생을 추구해 나가는 자세가 필요한 것이다. 이는 그렇게 어렵지 않다. 우리가 유럽이나 아프리카 사람들 혹은 서남아시아나 중동 사람들을 바라보며 느끼는 인식과 그들을 대하는 태도로 중국을 바라보며 대하면 된다. 즉, 중국인들과 우리가 서로 다르다는 것을 당연하게 여기고 그에 맞는 행동이 교제와 교류의 토대가 된다면, 우리는 중국과의 관계를 더 자연스럽고 더 객관적인 자세에서 더한층 발전시켜나갈 수 있게 된다.

'핵 공포의 균형' 시대에 사는 우리가, 아직도 활과 창으로 무장한 10만 대군이 국경을 넘어 침략해 오던 시대를 떠올리며 우려한다는 것 또한 시대착오적 발상이 아닐 수 없다. 과거에는 '이웃하고 있기 때문에' 기마병과 보병으로 이뤄진 대군을 이끌고 침략할 수 있었다. 하지만 지금은 마찬가지로 '이웃하고 있기 때문에' 오히려 핵무기와 같은 첨단 무기를 사용하기 힘들다. 이는 지극히 자명한 사실이다. 만약 일본이 미국과 국경을 맞댄 캐나다나 멕시코였다면, 미국이 과연 자신과 국경을 맞댄 그 일본에 원자폭탄을 투하할 수 있었을까?

우리는 한중 양국의 윈-윈을 위해서도 대결 지향적이며 소모적인 관점에서 벗어나야 한다. 이는 비단 한·중 양국뿐 아니라, 한·중·일 3국의 대승적인 윈-윈을 위해서도 필요하다. 사실, 동북아의 안정과 공동번영을 위해서는 중·일 양국 또한 서로에 대한 마이너스 사고에서 벗어나야 한다. 하지만 이 두 나라가 놓여 있는 현실을 고려할 때, 양국은 서로가 상대에 대한 경계와 대립 자세에서 벗어나기란 쉽지 않다. 물론 중국과 일본도 원만한 관계를 지닐 수 있다. 하지만 원만하게 된다 해도, 사실상 그것은 양국 사이의 일시적인 혹은 전략적인 현상에 불과할 것이다. 중·일 양국의 서로에 대한 현재와 같은 의식과 인식이 근본적으로 바뀌지 않는 한, 중국의 지속적인 국력변화는 중·일 양국의 대립각만을 더욱 첨예하게 세워 갈 것이기 때문이다. 이 상황에서는 한쪽이 아무리 대승적인 제안을 한다 해도, 다른 한쪽은 그 저의를 의심하며 경계할 것이다. 그들 또한 상대방에 대한 자신들의 경계가 과도할 수 있다고 여기며 이를 위해 소모되는 막대한 국방비를 아까워한다. 하지만 이러한 내심과는 달리, 양국 문제는 이미 양국이 스스로 해결하지 못하는 상태에 이르고 만 것이다.

바로 이 부분에 동북아의 핵심 중견 국가인 우리 한국이 해야 할 시대적 소명이 놓여 있다. 즉, 그들에게 필요한, 하지만 그들 스스로가 해내지 못하는 것을 우리 한국이 주도해 나가야 하는 것이다. 우리가 상호간의 입장을 이해시키며(易地思之), 서로 다른 모습을 인정하면서도 함께 할 수 있도록(求同存異) 중계, 조정하고 주도하는 가운데 동북아의 윈-윈을 추구해 나가야 한다. 바로 이를 위해서도 우리는 먼저 중국에 대해 좀 더 올바르게 다가가야 한다. 싫건 좋건, 마음에 들건 들지 않건 있는 그대로의 모습으로, 있는 그대로의 중국으로 파악할 필요가 있다.

20세기적 낡은 사고와 접근 방법으로는 무한하게 변화하고 있는 21세기 오늘날의 중국이 제대로 보일 리 만무하다. 또한 하나의 관점만을 고집한다면, 중국이 온통 이상하고 이해하기 힘들며 기괴한 곳으로밖에 보이지 않는다. 이와 같은 인식으로는, 중국과의 제대로 된 교제와 교류를 기대하기 힘들다. 따라서 이제는 중국을 우리로부터 놓아 주어야 한다. 중국은 나의 중국도, 우리의 중국도 아닌 있는 그대로의 중국일 뿐이기 때문이다.

이 모든 것을 종합해보면, '양날의 칼'과도 같은 중국을 잘 활용하여 우리의 '보고寶庫'로 만들고, 또 그 중국과 윈-윈 해 나가기 위해서 우리는 무엇보다도 먼저 우리 안의 낙후된 전근대적 사고에서 벗어나야 한다. 우리는 중국에 대해 좀 더 냉철하고 냉정하게 인식하고 행동할 필요가 있다. 우리는 미국이나 일본과 다르다. 더 이상 중국을 최대의 라이벌로 경계하고 있는 미국이나 과거의 저지른 잘못 등으로 인해 전전긍긍하고 있는 일본 등과 동일한 맥락에서 중국을 바라보고 접할 필요가 없다. 대신 중국을 더욱 적극적으로 활용할 수 있도록 획기적으로 발상을 전환해야 한다. 21세기를 살고 있는 우리에게는 새로운 시기에 걸맞은 우리만의 중국관 정립이 절실하기 때문이다.

참고문헌

중국어 참고문헌

张毓诗,『世纪之初的国际关系』, 时事出版社, 2007.
刘清才,『东北亚地缘政治与中国地缘战略』, 天津人民出版社, 2007.
李敦球,『战后朝韩关系与东北亚格局』, 新华出版社, 2007.
饶银华,『新中国外交思想概论』, 中央文献出版社, 2006.

일본어 참고문헌

東 一真,『中国の不思議な資本主義』, 中央公論新社, 2007.
池上彰,『そうだったのか！中国』, ホーム社, 2007.
飯田俊一,『駐在員が見た現代中国の実情』, 文芸社, 2007.
古森義久,『日本に挑む中国』, PHP研究所, 2007.
若宮 清,『中国人の面の皮』, 祥伝社, 2007.

영어 참조문헌

Drew Thompson, 「China's Global Strategy for Energy Security and Diplomacy」,『China Brief Vol. 5』(Issue 7), 2005.3.29.
Jack L. Goldsmith & Eric A. Posner,『THE LIMITS OF INTERNATIONAL LAW』, Oxford University Press, 2005.

기타, 중국과 한국, 일본 등의 각종 신문매체나 인터넷 매체 등.

중국을 이해하는 9가지 관점

펴낸날	초판 1쇄 2008년 7월 20일
	초판 5쇄 2015년 3월 25일

지은이	우수근
펴낸이	심만수
펴낸곳	(주)살림출판사
출판등록	1989년 11월 1일 제9-210호

주소	경기도 파주시 광인사길 30
전화	031-955-1350 팩스 031-624-1356
기획·편집	031-955-4671
홈페이지	http://www.sallimbooks.com
이메일	book@sallimbooks.com

ISBN	978-89-522-0956-6 04080

※ 값은 뒤표지에 있습니다.
※ 잘못 만들어진 책은 구입하신 서점에서 바꾸어 드립니다.

함께 읽으면 좋은 책

사회·문화

089 커피 이야기   eBook

김성윤(조선일보 기자)

커피는 일상을 영위하는 데 꼭 필요한 현대인의 생필품이 되어 버렸다. 중독성 있는 향, 마실수록 감미로운 쓴맛, 각성효과, 마음의 평화까지 제공하는 커피. 이 책에서 저자는 커피의 발견에 얽힌 이야기를 통해 그 기원을 설명한다. 커피의 문화사뿐만 아니라 커피에 대한 일반적인 정보 및 오해에 대해서도 쉽고 재미있게 소개한다.

021 색채의 상징, 색채의 심리

박영수(테마역사문화연구원 원장)

색채의 상징을 과학적으로 설명한 책. 색채의 이면에 숨어 있는 과학적 원리를 깨우쳐 주고 색채가 인간의 심리에 어떤 작용을 하는지를 여러 가지 분야의 사례를 통해 설명한다. 저자는 색에는 나름대로의 독특한 상징이 숨어 있으며, 성격에 따라 선호하는 색채도 다르다고 말한다.

001 미국의 좌파와 우파   eBook

이주영(건국대 사학과 명예교수)

진보와 보수 세력의 변천사를 통해 미국의 정치와 사회 그리고 문화가 어떻게 형성되고 변해왔는지를 추적한 책. 건국 초기의 자유방임주의가 경제위기의 상황에서 진보-좌파 세력의 득세로 이어진 과정, 민주당과 공화당의 대립과 갈등, '제2의 미국혁명'으로 일컬어지는 극우파의 성장 배경 등이 자연스럽게 서술된다.

002 미국의 정체성 10가지 코드로 미국을 말하다   eBook

김형인(한국외대 연구교수)

개인주의, 자유의 예찬, 평등주의, 법치주의, 다문화주의, 청교도 정신, 개척 정신, 실용주의, 과학·기술에 대한 신뢰, 미래지향성과 직설적 표현 등 10가지 코드를 통해 미국인의 정체성과 신념을 추적한 책. 미국인의 가치관과 정신이 어떠한 과정을 통해서 형성되고 변천되어 왔는지를 보여 준다.

사회·문화

058 중국의 문화코드

강진석(한국외대 연구교수)

중국의 핵심적인 문화코드를 통해 중국인의 과거와 현재, 문명의 형성 배경과 다양한 문화 양상을 조명한 책. 이 책은 중국인의 대표적인 기질이 어떠한 역사적 맥락에서 형성되었는지 주목한다. 또한, 구체적이고 실제적인 여러 사물과 사례를 중심으로 중국인의 사유방식에 대해 설명해 주고 있다.

057 중국의 정체성 `eBook`

강준영(한국외대 중국어과 교수)

중국, 중국인을 우리는 과연 어떻게 이해해야 하나? 우리 겨레의 역사와 직·간접적으로 끊임없이 영향을 주고받은 중국, 그러면서도 아직까지 그들의 속내를 자신 있게 말할 수 없는, 한편으로는 신비스럽고, 한편으로는 종잡을 수 없는 중국인에 대한 정체성을 명쾌하게 정리한 책.

015 오리엔탈리즘의 역사 `eBook`

정진농(부산대 영문과 교수)

동양인에 대한 서양인의 오만한 사고와 의식에 준엄한 항의를 했던 에드워드 사이드의 오리엔탈리즘. 이 책은 에드워드 사이드의 이론 해설에 머무르지 않고 진정한 오리엔탈리즘의 출발점과 그 과정, 그리고 현재와 미래의 조망까지 아우른다. 또한 오리엔탈리즘이 사이드가 발굴해 낸 새로운 개념이 결코 아님을 역설한다.

186 일본의 정체성 `eBook`

김필동(세명대 일어일문학과 교수)

일본인의 의식세계와 오늘의 일본을 만든 정신과 문화 등을 소개한 책. 일본인을 지배하는 이데올로기는 무엇이고 어떤 특징을 가지는지, 일본을 주목해야 하는 이유는 무엇인지 등이 서술된다. 일본인 행동양식의 특징과 토착적인 사상, 일본사회의 문화적 전통의 실체에 대한 분석을 통해 일본의 정체성을 체계적으로 살펴보고 있다.

사회·문화

261 노블레스 오블리주, 세상을 비추는 기부의 역사

예종석(한양대 경영학과 교수)

프랑스어로 '높은 사회적 신분에 상응하는 도덕적 의무'를 뜻하는 노블레스 오블리주. 고대 그리스부터 현대까지 이어지고 있는 노블레스 오블리주의 역사 및 미국과 우리나라의 기부 문화를 살펴보고, 새로운 시대정신으로 노블레스 오블리주를 부활시킬 수 있는 가능성을 모색해 본다.

396 치명적인 금융위기, 왜 유독 대한민국인가 `eBook`

오형규(한국경제신문 논설위원)

이 책은 전 세계적인 금융 리스크의 증가 현상을 살펴보는 동시에 유달리 위기에 취약한 대한민국 경제의 문제를 진단한다. 금융안정망 구축 방안과 같은 실용적인 경제정책에서부터 개개인이 기억해야 할 대비법까지 제시해 주는 이 책을 통해 현대사회의 뉴노멀이 되어 버린 금융위기에서 살아남는 방법을 확인해 보자.

400 불안사회 대한민국, 복지가 해답인가 `eBook`

신광영(중앙대 사회학과 교수)

대한민국 사회의 미래를 위해서 복지는 선택이 아니라 필수라고 말하는 책. 이를 위해 경제 위기, 사회해체, 저출산 고령화, 공동체 붕괴 등 불안사회 대한민국이 안고 있는 수많은 리스크를 진단한다. 저자는 사회적 위험에 대응하기 위한 복지 제도야말로 국민 모두의 삶의 질을 높일 수 있는 길이라는 것을 역설한다.

380 기후변화 이야기 `eBook`

이유진(녹색연합 기후에너지 정책위원)

이 책은 기후변화라는 위기의 시대를 살면서 우리가 알아야 할 기본지식을 소개한다. 저자는 기후변화와 관련된 핵심 쟁점들을 모두 정리하는 동시에 우리가 행동해야 할 실천적인 대안을 제시한다. 이를 통해 독자들은 기후변화 시대를 사는 우리가 무엇을 해야 할 것인지에 대하여 생각해 볼 수 있을 것이다.

사회·문화

eBook 표시가 되어있는 도서는 전자책으로 구매가 가능합니다.

001 미국의 좌파와 우파 | 이주영
002 미국의 정체성 | 김형인 eBook
003 마이너리티 역사 | 손영호
004 두 얼굴을 가진 하나님 | 김형인
005 MD | 정욱식 eBook
006 반미 | 김진웅
007 영화로 보는 미국 | 김성곤 eBook
008 미국 뒤집어보기 | 장석정
009 미국 문화지도 | 장석정
010 미국 메모랜덤 | 최성일
015 오리엔탈리즘의 역사 | 정진농
021 색채의 상징, 색채의 심리 | 박영수
028 조폭의 계보 | 방성수
037 마피아의 계보 | 안혁
039 유대인 | 정성호
048 르 몽드 | 최연구 eBook
057 중국의 정체성 | 강준영
058 중국의 문화코드 | 강진석
060 화교 | 정성호 eBook
061 중국인의 금기 | 장범성
077 21세기 한국의 문화혁명 | 이정덕
078 사건으로 보는 한국의 정치변동 | 양길현 eBook
079 미국을 만든 사상들 | 정경희 eBook
080 한반도는 사내리오 | 정욱식 eBook
081 미국인의 발견 | 우수근
083 법으로 보는 미국 | 채동배
084 미국 여성사 | 이창신 eBook
089 커피 이야기 | 김성윤 eBook
090 축구의 문화사 | 이은호
098 프랑스 문화와 상상력 | 박기현
119 올림픽의 숨은 이야기 | 장원재
136 학계의 금기를 찾아서 | 강성민 eBook
137 미·중·일 새로운 패권전략 | 우수근
142 크리스마스 | 이영제
160 지중해학 | 박상진
161 동북아시아 비핵지대 | 이상성 외
186 일본의 정체성 | 김필동 eBook
190 한국과 일본 | 하우봉 eBook
217 문화콘텐츠란 무엇인가 | 최연구 eBook
222 자살 | 이진홍 eBook
223 성, 억압과 진보의 역사 | 윤가현 eBook
224 아파트의 문화사 | 박철수 eBook
227 한국 축구 발전사 | 김성원 eBook
228 월드컵의 위대한 전설들 | 서준형
229 월드컵의 강국들 | 심재희

231 일본의 이중권력, 쇼군과 천황 | 다카시로 고이치
235 20대의 정체성 | 정성호 eBook
236 중년의 사회학 | 정성호 eBook
237 인권 | 차병직 eBook
238 헌법재판 이야기 | 오호택 eBook
248 탈식민주의에 대한 성찰 | 박종성 eBook
261 노블레스 오블리주 | 예종석
262 미국인의 탄생 | 김진웅
279 한국인의 관계심리학 | 권수영
282 사르트르와 보부아르의 계약결혼 | 변광배
284 동유럽의 민족 분쟁 | 김철민
288 한미 FTA 후 직업의 미래 | 김준성 eBook
299 이케다 하야토 | 권혁기 eBook
300 박정희 | 김성진 eBook
301 리콴유 | 김성진 eBook
302 덩샤오핑 | 박형기 eBook
303 마거릿 대처 | 박동운 eBook
304 로널드 레이건 | 김형곤 eBook
305 셰이크 모하메드 | 최진영 eBook
306 유엔사무총장 | 김정태 eBook
312 글로벌 리더 | 백형찬
320 대통령의 탄생 | 조지형
321 대통령의 퇴임 이후 | 김형곤
322 미국의 대통령 선거 | 윤용희
323 프랑스 대통령 이야기 | 최연구
328 베이징 | 조창완
329 상하이 | 김윤희
330 홍콩 | 유영하
331 중화경제의 리더들 | 박형기
332 중국의 엘리트 | 주장환
333 중국의 소수민족 | 정재남
334 중국을 이해하는 9가지 관점 | 우수근
344 보수와 진보의 정신분석 | 김용신
345 저작권 | 김기태
357 미국의 총기 문화 | 손영호
358 표트르 대제 | 박지배
359 조지 워싱턴 | 김형곤
360 나폴레옹 | 서정복
361 비스마르크 | 김장수
362 모택동 | 김승일
363 러시아의 정체성 | 기연수
364 너는 시방 위험한 로봇이다 | 오은
365 발레리나를 꿈꾼 로봇 | 김선혁
366 로봇 선생님 가라사대 | 안동근
367 로봇 디자인의 숨겨진 규칙 | 구신애

368 로봇을 향한 열정, 일본 애니메이션 | 안병욱
378 데킬라 이야기 | 최명호 eBook
380 기후변화 이야기 | 이유진 eBook
385 이슬람 율법 | 공일주
390 법원 이야기 | 오호택 eBook
391 명예훼손이란 무엇인가 | 안상운
392 사법권의 독립 | 조지형
393 피해자학 강의 | 장규원 eBook
394 정보공개란 무엇인가 | 안상운
396 치명적인 금융위기, 왜 유독 대한민국인가 | 오형규
397 지방자치단체, 돈이 새고 있다 | 최인욱 eBook
398 스마트 위험사회가 온다 | 민경식 eBook
399 한반도 대재난, 대책은 있는가 | 이정직 eBook
400 불안사회 대한민국, 복지가 해답인가 | 신광영
401 21세기 대한민국 대외전략: 낭만적 평화란 없다 | 김기수 eBook
402 보이지 않는 위협, 종북주의 | 류현수 eBook
403 우리 헌법 이야기 | 오호택
405 문화생활과 문화주택 | 김용범
406 미래 주거의 대안 | 김세용·이재준 eBook
407 개방과 폐쇄의 딜레마, 북한의 이중적 경제 | 남성욱·정유석 eBook
408 연극과 영화를 통해 본 북한사회 | 민병욱 eBook
409 먹기 위한 개방, 살기 위한 핵외교 | 김계동 eBook
410 북한 정권 붕괴 가능성과 대비 | 전경주 eBook
411 북한을 움직이는 힘, 군부의 패권경쟁 | 이영훈 eBook
412 인민의 천국에서 벌어지는 인권유린 | 허만호 eBook
428 역사로 본 중국음식 | 신계숙 eBook
429 일본요리의 역사 | 박병학 eBook
430 한국의 음식문화 | 도현신 eBook
431 프랑스 음식문화 | 민혜련 eBook
438 개헌 이야기 | 오호택
443 국제 난민 이야기 | 김철민
447 브랜드를 알면 자동차가 보인다 | 김흥식 eBook
473 NLL을 말하다 | 이상철 eBook

(주)살림출판사
www.sallimbooks.com
주소 경기도 파주시 문발동 522-1 | 전화 031-955-1350 | 팩스 031-955-1355